Namo tassa Bhagavato Arahato Sammāsambuddhassa

저 거룩한 분
존경받아 마땅한 분
바르게 깨친 분께
머리숙여 예배드립니다

법화경 28품

본문 14품

책을 펴내며

법화경은 화엄경과 더불어 대승경전의 양대 산맥이다. 법화경 속에는 무수한 비유와 인연담이 설해지고 있다. 그리고 부처님께서 중생들의 수준에 맞게 방편설법 즉 요즘 용어로 하면 맞춤교육을 하신다. 이 경전 속에는 다양한 수행법들이 설해진다. 참선을 통한 수행법과 다라니기도법과 6바라밀 등의 대승 보살수행법과 또는 일반대중들이 생활 속에서 쉽게 관세음보살이나 부처님의 명호를 부르는 염불기도법과 법화경 사경을 통해서 행복을 얻는 사경 수행법이 있다. 그리고 누구나 찬불가 한곡이나 꽃 한송이 혹은 불상이나 탱화나 탑이나 법보시등 작은 공덕을 쌓으면 그 공덕으로 점차 부처님과 같은 행복을 결정코 얻을 수 있다고 설한다. 이 얼마나 아름답고 멋있는 경전인가! 모든 사람들이 자신에 맞는 수행법을 선택하여 일상생활 속에서 조금씩 실천하면 바로 그것이 큰 행복과 자유로 이어진다. 법화경의 매력은 모든 불교의 수행법이 설해진다는 것이다. 그리고 아름다운 보석같은 비유와 이야기들이 무수히 경전을 채우고 있다. 수 천년동안 이 경전 속에서 얼마나 많은 사람들이 삶의 위안과 행복을 얻었는가!

이 책은 상권 14품 25강, 하권 14품 25강 총 50강으로 1년 교육과정으로 구성되었다.

많은 사람들이 이 경전을 통해서 마음의 평화와 행복과 자유 얻기를 부처님 전에 간절히 발원한다. 그리고 이 책 편집과 교정에 애써주신 무량수 출판사 직원들과 천실장님께 감사드린다. 이 책이 세상에 나오도록 마음과 법보시의 공덕을 베푼 법화경교육 수행모임인 백련정진회 회원들과 법화경을 공부하고 수행하는 모든 분들께 이 모든 공덕을 회향한다.

2011년 11월 초

가을이 저물어 가는 길목에서 서울 종로구 법화경연구원

법성사 법성 합장

차 례

본문本門 14품

일러두기

범본 원전자료

1. H. Kern과 Nanjio 교수의『SADDHARMAPUṆḌARĪKA』,
2. Wogihara와 Tsuchida교수의 改訂梵文法華經
   『SADDHARMAPUṆḌARĪKA-SŪTRAM』
3. Vaidya 교수의『SADDHARMAPUṆḌARĪKASŪTRAM』을
   저본으로 하였다.

漢文 원전자료

신수대장경, 구마라집 역『妙法蓮華經』을 저본으로 하였다.

下

본문本門 14품 강의

제15 종지용출품

범어로 이 품은 Bodhisattva-pṛthivī-vivara-samudgama-parivartaḥ인데, Bodhisattva는 보살을 뜻하며, pṛthivī는 대지 곧 땅을 의미하며, vivara는 ~의 안이라는 의미로 내(內)로 번역되었고, samudgama는 올라온다는 의미로 용출(湧出)을 뜻한다. 한역에서는 곧 보살들이 땅 속에서 무수히 솟아나는 품으로 번역되었다.

다른 국토에서 온 보살들이 부처님 멸도 후에 자신들이 법화경을 받들고, 그 가르침을 두루 설하겠다고 하자, 부처님께서 이 사바세계에 무수한 보살들이 본래 있어서 그들이 그 일을 할 것이라고 말씀한다. 그러자 땅 속에서 무수히 많은 보살들이 솟아올라 마침내 허공에 있는 다보탑까지 도달하고 다보여래와 석가여래께 예를 올리고 문안을 여쭙는다. 이 때 미륵보살이 대중들을 대신하여 부처님께 이 보살들이 어디에서 왔으며, 여기 모인 까닭을 묻는다. 이들은 사바세계 지하속의 허공에 산다고 말씀하시고 부처님께서 깨달음을 얻은 후에 교화한 보살들이라 밝힌다. 그러자 미륵보살이 부처님께서 성불하신지 불과 40여년 밖에 안되셨는데, 이렇게 많은 보살들을 교화한 일에 대해서 참으로 믿기 어려운 바라 말한다. 그리고 백세 노인의 비유로 그것을 설명하고 있다.

원문

1강 – 한문 경문

이시타방국토제래보살마하살 과팔항하사수 어대중중
爾時他方國土諸來菩薩摩訶薩 過八恒河沙數 於大衆中

기립합장작례 이백불언 세존 약청아등어불멸후재차
起立合掌作禮 而白佛言 世尊 若聽我等於佛滅後在此

사바세계근가정진호지독송서사공양시경전자 당어차
娑婆世界懃加精進護持讀誦書寫供養是經典者 當於此

토이광설지
土而廣説之

이시불고제보살마하살중 지선남자 불수여등호지차경
爾時佛告諸菩薩摩訶薩衆 止善男子 不須汝等護持此經

소이자하 아사바세계 자유육만항하사등보살마하살
所以者何 我娑婆世界 自有六萬恒河沙等菩薩摩訶薩

일일보살각유육만항하사권속 시제인등능어아멸후 호
一一菩薩各有六萬恒河沙眷屬 是諸人等能於我滅後 護

지독송광설차경 불설시시 사바세계삼천대천국토지개
持讀誦廣説此經 佛説是時 娑婆世界三千大千國土地皆

진렬 이어기중유무량천만억보살마하살동시용출 시제
震裂 而於其中有無量千萬億菩薩摩訶薩同時踊出 是諸

보살신개금색 삼십이상무량광명 선진재차사바세계지
菩薩身皆金色 三十二相無量光明 先盡在此娑婆世界之

하 차계허공중주 시제보살문석가모니불소설음성종하
下 此界虛空中住 是諸菩薩聞釋迦牟尼佛所説音聲從下

발래
發來

일일보살 개시대중창도지수 각장육만항하사권속 황
一一菩薩 皆是大衆唱導之首 各將六萬恒河沙眷屬 況

장오만사만삼만이만일만항하사등권속자 황부내지일
將五萬四萬三萬二萬一萬恒河沙等眷屬者 況復乃至一

항하사반항하사사분지일 내지천만억나유타분지일 황
恒河沙半恒河沙四分之一 乃至千萬億那由他分之一 況

부천만억나유타권속 황부억만권속 황부천만백만내지
復千萬億那由他眷屬 況復億萬眷屬 況復千萬百萬乃至

일만 황부일천일백내지일십 황부장오사삼이일제자자
一萬 況復一千一百乃至一十 況復將五四三二一弟子者

황부단기요원리행 여시등비 무량무변산수비유소불능
況復單己樂遠離行 如是等比 無量無邊算數譬喩所不能

지 시제보살종지출이 각예허공칠보묘탑다보여래석가
知 是諸菩薩從地出已 各詣虛空七寶妙塔多寶如來釋迦

모니불소 도이향이세존두면예족 급지제보수하사자좌
牟尼佛所 到已向二世尊頭面禮足 及至諸寶樹下師子座

상불소 역개작례우요삼잡합장공경 이제보살종종찬법
上佛所 亦皆作禮右繞三匝合掌恭敬 以諸菩薩種種讚法

이이찬탄주재일면 흔요첨앙어이세존 시제보살마하살
而以讚歎住在一面 欣樂瞻仰於二世尊 是諸菩薩摩訶薩

종초용출 이제보살종종찬법이찬어불 여시시간경오십
從初踊出 以諸菩薩種種讚法而讚於佛 如是時間經五十

소겁 시시석가모니불묵연이좌 급제사중역개묵연 오
小劫 是時釋迦牟尼佛默然而坐 及諸四衆亦皆默然 五

십소겁 불신력고 영제대중위여반일 이시사중역이불
十小劫 佛神力故 令諸大衆謂如半日 爾時四衆亦以佛

신력고 견제보살변만무량백천만억국토허공 시보살중
神力故 見諸菩薩遍滿無量百千萬億國土虛空 是菩薩衆

중유사도사 일명상행 이명무변행 삼명정행 사명안
中有四導師 一名上行 二名無邊行 三名淨行 四名安

립행 시사보살어기중중 최위상수창도지사 재대중전
立行 是四菩薩於其衆中 最爲上首唱導之師 在大衆前

각공합장 관석가모니불 이문신언 세존 소병소뇌안
各共合掌 觀釋迦牟尼佛 而問訊言 世尊 少病少惱安

락행부 소응도자수교이부 불령세존생피로야 이시사
樂行不 所應度者受教易不 不令世尊生疲勞耶 爾時四

대보살 이설게언
大菩薩 而說偈言

세존안락 소병소뇌 교화중생 득무피권
世尊安樂 少病少惱 教化衆生 得無疲惓

우제중생 수화이부 불령세존 생피로야
又諸衆生 受化易不 不令世尊 生疲勞耶

이시세존어보살대중중 이작시언 여시여시 제선남자
爾時世尊於菩薩大衆中 而作是言 如是如是 諸善男子

여래안락소병소뇌 제중생등이가화도 무유피로 소이
如來安樂少病少惱 諸衆生等易可化度 無有疲勞 所以

자하 시제중생 세세이래상수아화 역어과거제불 공
者何 是諸衆生 世世已來常受我化 亦於過去諸佛 供

양존중종제선근 차제중생 시견아신문아소설 즉개신
養尊重種諸善根 此諸衆生 始見我身聞我所說 即皆信

수입여래혜 제선수습학소승자 여시지인 아금역령득
受入如來慧 除先修習學小乘者 如是之人 我今亦令得

문시경입어불혜 이시제대보살 이설게언
聞是經入於佛慧 爾時諸大菩薩 而說偈言

선재선재 대웅세존 제중생등 이가화도
善哉善哉 大雄世尊 諸衆生等 易可化度

능문제불 심심지혜 문이신행 아등수희
能問諸佛 甚深智慧 聞已信行 我等隨喜

어시세존 찬탄상수제대보살 선재선재선남자 여등능
於時世尊 讚歎上首諸大菩薩 善哉善哉善男子 汝等能

어여래발수희심 이시미륵보살 급팔천항하사제보살중
於如來發隨喜心 爾時彌勒菩薩 及八千恒河沙諸菩薩衆

개작시념 아등종석이래 불견불문여시대보살마하살중
皆作是念 我等從昔已來 不見不聞如是大菩薩摩訶薩衆

종지용출주세존전 합장공양문신여래 시미륵보살마하
從地踊出住世尊前 合掌供養問訊如來 時彌勒菩薩摩訶

살 지팔천항하사제보살등심지소념 병욕자결소의 합
薩 知八千恒河沙諸菩薩等心之所念 并欲自決所疑 合

장향불 이게문왈
掌向佛 以偈問曰

무량천만억 대중제보살 석소미증견 원양족존설
無量千萬億 大衆諸菩薩 昔所未曾見 願兩足尊說

시종하소래 이하인연집 거신대신통 지혜파사의
是從何所來 以何因緣集 巨身大神通 智慧叵思議

기지념견고 유대인욕력 중생소요견 위종하소래
其志念堅固 有大忍辱力 衆生所樂見 爲從何所來

일일제보살 소장제권속 기수무유량 여항하사등
一一諸菩薩 所將諸眷屬 其數無有量 如恒河沙等

혹유대보살 장육만항사 여시제대중 일심구불도
或有大菩薩 將六萬恒沙 如是諸大衆 一心求佛道

시제대사등 육만항하사 구래공양불 급호지시경
是諸大師等 六萬恒河沙 俱來供養佛 及護持是經

장오만항사 기수과어시 사만급삼만 이만지일만
將五萬恒沙 其數過於是 四萬及三萬 二萬至一萬

일천일백등 내지일항사 반급삼사분 억만분지일
一千一百等 乃至一恒沙 半及三四分 億萬分之一

천만나유타 만억제제자 내지어반억 기수부과상
千萬那由他 萬億諸弟子 乃至於半億 其數復過上

백만지일만 일천급일백 오십여일십 내지삼이일
百萬至一萬 一千及一百 五十與一十 乃至三二一

단기무권속 요어독처자 구래지불소 기수전과상
單己無眷屬 樂於獨處者 俱來至佛所 其數轉過上

여시제대중 약인행주수 과어항사겁 유불능진지
如是諸大衆 若人行籌數 過於恒沙劫 猶不能盡知

시제대위덕 정진보살중 수위기설법 교화이성취
是諸大威德 精進菩薩衆 誰爲其說法 敎化而成就

종수초발심 칭양하불법 수지행수경 수습하불도
從誰初發心 稱揚何佛法 受持行誰經 修習何佛道

여시제보살 신통대지력 사방지진렬 개종중용출
如是諸菩薩 神通大智力 四方地震裂 皆從中踊出

세존아석래 미증견시사 원설기소종 국토지명호
世尊我昔來 未曾見是事 願說其所從 國土之名號

아상유제국 미증견시중 아어차중중 내불식일인
我常遊諸國 未曾見是衆 我於此衆中 乃不識一人

홀연종지출 원설기인연 금차지대회 무량백천억
忽然從地出 願說其因緣 今此之大會 無量百千億

시제보살등 개욕지차사 시제보살중 본말지인연
是諸菩薩等 皆欲知此事 是諸菩薩衆 本末之因緣

무량덕세존 유원결중의
無量德世尊 唯願決衆疑

이시석가모니분신제불 종무량천만억타방국토래자 재
爾時釋迦牟尼分身諸佛 從無量千萬億他方國土來者 在
어팔방제보수하사자좌상결가부좌 기불시자 각각견시
於八方諸寶樹下師子座上結加趺坐 其佛侍者 各各見是
보살대중 어삼천대천세계사방종지용출주어허공 각백
菩薩大衆 於三千大千世界四方從地踊出住於虛空 各白
기불언 세존 차제무량무변아승지보살대중 종하소래
其佛言 世尊 此諸無量無邊阿僧祇菩薩大衆 從何所來
이시제불각고시자 제선남자 차대수유 유보살마하살
爾時諸佛各告侍者 諸善男子 且待須臾 有菩薩摩訶薩

명왈미륵 석가모니불지소수기 차후작불 이문사사
名曰彌勒 釋迦牟尼佛之所授記 次後作佛 以問斯事

불금답지 여등자당인시득문
佛今答之 汝等自當因是得聞

이시석가모니불 고미륵보살 선재선재아일다 내능문
爾時釋迦牟尼佛 告彌勒菩薩 善哉善哉阿逸多 乃能問

불여시대사 여등당공일심 피정진개발견고의 여래금
佛如是大事 汝等當共一心 被精進鎧發堅固意 如來今

욕현발선시제불지혜 제불자재신통지력 제불사자분신
欲顯發宣示諸佛智慧 諸佛自在神通之力 諸佛師子奮迅

지력 제불위맹대세지력 이시세존 욕중선차의 이설
之力 諸佛威猛大勢之力 爾時世尊 欲重宣此義 而説

게언
偈言

당정진일심 아욕설차사 물득유의회 불지파사의
當精進一心 我欲説此事 勿得有疑悔 佛智叵思議

여금출신력 주어인선중 석소미문법 금개당득문
汝今出信力 住於忍善中 昔所未聞法 今皆當得聞

아금안위여 물득회의구 불무불실어 지혜불가량
我今安慰汝 勿得懷疑懼 佛無不實語 智慧不可量

소득제일법 심심파분별 여시금당설 여등일심청
所得第一法 甚深叵分別 如是今當説 汝等一心聽

원문

2강 – 한문 경문

이시세존설차게이 고미륵보살 아금어차대중 선고여
爾時世尊說此偈已 告彌勒菩薩 我今於此大衆 宣告汝

등 아일다 시제대보살마하살 무량무수아승지종지용
等 阿逸多 是諸大菩薩摩訶薩 無量無數阿僧祇從地踊

출 여등석소미견자 아어시사바세계 득아뇩다라삼막
出 汝等昔所未見者 我於是娑婆世界 得阿耨多羅三藐

삼보리이 교화시도시제보살 조복기심영발도의 차제
三菩提已 敎化示導是諸菩薩 調伏其心令發道意 此諸

보살개어시사바세계지하차계허공중주 어제경전독송
菩薩皆於是娑婆世界之下此界虛空中住 於諸經典讀誦

통리사유분별정억념 아일다 시제선남자등 불요재중
通利思惟分別正憶念 阿逸多 是諸善男子等 不樂在衆

다유소설 상요정처근행정진미증휴식 역불의지인천이
多有所說 常樂靜處勤行精進未曾休息 亦不依止人天而

주 상락심지무유장애 역상락어제불지법 일심정진구
住 常樂深智無有障礙 亦常樂於諸佛之法 一心精進求

무상혜 이시세존욕중선차의 이설게언
無上慧 爾時世尊欲重宣此義 而說偈言

아일여당지 시제대보살 종무수겁래 수습불지혜
阿逸汝當知 是諸大菩薩 從無數劫來 修習佛智慧

실시아소화 영발대도심 차등시아자 의지시세계
悉是我所化 令發大道心 此等是我子 依止是世界

상행두타사 지요어정처 사대중궤뇨 불요다소설
常行頭陀事 志樂於靜處 捨大衆憒鬧 不樂多所説

여시제자등 학습아도법 주야상정진 위구불도고
如是諸子等 學習我道法 晝夜常精進 爲求佛道故

재사바세계 하방공중주 지념력견고 상근구지혜
在娑婆世界 下方空中住 志念力堅固 常懃求智慧

설종종묘법 기심무소외 아어가야성 보리수하좌
説種種妙法 其心無所畏 我於伽耶城 菩提樹下坐

득성최정각 전무상법륜 이내교화지 영초발도심
得成最正覺 轉無上法輪 爾乃敎化之 令初發道心

금개주불퇴 실당득성불 아금설실어 여등일심신
今皆住不退 悉當得成佛 我今説實語 汝等一心信

아종구원래 교화시등중
我從久遠來 敎化是等衆

이시미륵보살마하살 급무수제보살등 심생의혹괴미증
爾時彌勒菩薩摩訶薩 及無數諸菩薩等 心生疑惑怪未曾

유 이작시념 운하세존어소시간 교화여시무량무변아
有 而作是念 云何世尊於少時間 敎化如是無量無邊阿

승지제대보살 영주아뇩다라삼막삼보리 즉백불언 세
僧祇諸大菩薩 令住阿耨多羅三藐三菩提 卽白佛言 世

존 여래위태자시출어석궁 거가야성불원좌어도량 득
尊 如來爲太子時出於釋宮 去伽耶城不遠坐於道場 得

성아뇩다라삼막삼보리 종시이래시과사십여년 세존
成阿耨多羅三藐三菩提 從是已來始過四十餘年 世尊

운하어차소시대작불사 이불세력이불공덕 교화여시무
云何於此少時大作佛事 以佛勢力以佛功德 敎化如是無

량대보살중당성아뇩다라삼막삼보리
量大菩薩衆當成阿耨多羅三藐三菩提

세존 차대보살중 가사유인 어천만억겁 수불능진부
世尊 此大菩薩衆 假使有人 於千萬億劫 數不能盡不

득기변 사등구원이래 어무량무변제불소식제선근 성
得其邊 斯等久遠已來 於無量無邊諸佛所殖諸善根 成

취보살도상수범행 세존 여차지사세소난신 비여유인
就菩薩道常修梵行 世尊 如此之事世所難信 譬如有人

색미발흑연이십오 지백세인언시아자 기백세인 역지
色美髮黑年二十五 指百歲人言是我子 其百歲人 亦指

연소언시아부생육아등 시사난신 불역여시
年少言是我父生育我等 是事難信 佛亦如是

득도이래기실미구 이차대중제보살등 이어무량천만억
得道已來其實未久 而此大衆諸菩薩等 已於無量千萬億

겁 위불도고근행정진 선입출주무량백천만억삼매 득
劫 爲佛道故懃行精進 善入出住無量百千萬億三昧 得

대신통구수범행 선능차제습제선법 교어문답인중지보
大神通久修梵行 善能次第習諸善法 巧於問答人中之寶

일체세간심위희유 금일세존방운득불도시초령발심교
一切世間甚爲希有 今日世尊方云得佛道時初令發心敎

화시도 영향아뇩다라삼막삼보리 세존득불미구 내능
化示導 令向阿耨多羅三藐三菩提 世尊得佛未久 乃能

작차대공덕사 아등수부신불수의소설 불소출언미증허
作此大功德事 我等雖復信佛隨宜所說 佛所出言未曾虛

망 불소지자개실통달 연제신발의보살 어불멸후 약
妄 佛所知者皆悉通達 然諸新發意菩薩 於佛滅後 若

문시어혹불신수 이기파법죄업인연 유연세존 원위해
聞是語或不信受 而起破法罪業因緣 唯然世尊 願爲解

설제아등의 급미래세제선남자 문차사이역불생의 이
說除我等疑 及未來世諸善男子 聞此事已亦不生疑 爾

시미륵보살욕중선차의 이설게언
時彌勒菩薩欲重宣此義 而說偈言

불석종석종 출가근가야 좌어보리수 이래상미구

佛昔從釋種 出家近伽耶 坐於菩提樹 尒來尚未久

차제불자등 기수불가량 구이행불도 주어신통력

此諸佛子等 其數不可量 久已行佛道 住於神通力

선학보살도 불염세간법 여연화재수 종지이용출

善學菩薩道 不染世間法 如蓮華在水 從地而踊出

개기공경심 주어세존전 시사난사의 운하이가신

皆起恭敬心 住於世尊前 是事難思議 云何而可信

불득도심근 소성취심다 원위제중의 여실분별설

佛得道甚近 所成就甚多 願爲除衆疑 如實分別說

비여소장인 연시이십오 시인백세자 발백이면추

譬如少壯人 年始二十五 示人百歲子 髮白而面皺

시등아소생 자역설시부 부소이자로 거세소불신

是等我所生 子亦說是父 父少而子老 擧世所不信

세존역여시 득도래심근 시제보살등 지고무겁약

世尊亦如是 得道來甚近 是諸菩薩等 志固無怯弱

종무량겁래 이행보살도 교어난문답 기심무소외

從無量劫來 而行菩薩道 巧於難問答 其心無所畏

인욕심결정 단정유위덕 시방불소찬 선능분별설

忍辱心決定 端正有威德 十方佛所讚 善能分別說

불요재인중 상호재선정 위구불도고 어하공중주

不樂在人衆 常好在禪定 爲求佛道故 於下空中住

아등종불문 어차사무의 원불위미래 연설영개해

我等從佛聞 於此事無疑 願佛爲未來 演說令開解

약유어차경 생의불신자 즉당타악도 원금위해설

若有於此經 生疑不信者 卽當墮惡道 願今爲解說

시무량보살 운하어소시 교화영발심 이주불퇴지

是無量菩薩 云何於少時 教化令發心 而住不退地

해석

1강 - 한글 경문

그 때 타방 세계에서 온 보살마하살들이 8항하사의 수보다 많았는데, 대중들 속에서 일어나 합장 예불하고 부처님께 말씀드리되 "세존께서 만약 저희들에게 허락하신다면 불멸 후에 사바세계에 머물면서 부지런히 정진하며 이 경전 보호하고 수지하며 독송 서사 공양하며 이 땅에서 응당 널리 설하겠나이다."

이 때 부처님께서 보살마하살에게 말씀하시길 "그만두어라 선남자여 그대들이 이 경전을 보호하고 수지할 필요는 없느니라. 왜냐하면 나의 사바세계에는 본래 6만 항하사 보살들 있어 각각의 보살들 각기 6만 항하사 권속들 있으며 이 사람들이 내가 멸도한 후에 이 경전 보호하고 수지하며, 독송하며, 널리 설법할 것이기 때문이니라."

부처님 이 말씀하실 때 사바세계 삼천대천세계 땅이 모두 진동하여 열리더니 그 속에서 무량 천만억 보살들 동시에 솟아나왔느니라. 이 보살들 몸은 모두 황금색이고, 32상 갖추고, 무량 광명 놓으시니, 일찍이 모두 사바세계의 아래 허공 중에 머물렀으며, 이 보살들 석가모니불의 설법 음성을 듣고, 아래로부터 올라 왔느니라.

한 사람 한 사람의 보살들 모두 다 대중들의 지도자로 각기 6만 항하사 권속들을 거느리고 있었으며, 하물며 5만 4만 3만 2만 1만 항하사등의 권속을 거느린 보살들이겠는가! 하물며 다시 일항하사 반항하사 4분의 1항하사이며, 내지 천만억 나유타분의 1이며, 하물며 다시 천만억 나유타 권속들이겠는가! 하물며 다시 억만 권속이며 하물며 다시 천만 백만 내지 일만이며 하물며 다시 일천 일백 내지 일십이며 하물며 다시 5, 4, 3, 2, 1제자를 거느린 보살들이며, 하물며 다시 혼자서 원리행(遠離行)을 즐기는 사람들이겠는가! 이와 같이 무량무변하여 산수 비유로는 알 수가 없느니라.

이 보살들 땅에서 나와 각기 허공 칠보묘탑으로 가서 다보여래와 석가모니불의 처소에 도착하여 두 분의 세존을 향해서 머리로 발에 예를 올리고 모든 보배 나무 아래 사자좌에 있는 부처님 처소에도 또한 모두 예를 올리고 오른쪽으로 세 번 돌고 합장하고 공경히 모든 보살들의 찬탄법으로 찬탄하고 나서 한 쪽에 머물렀다. 기쁜 마음으로 두 분의 세존을 우러러 보며, 이 보살마하살들 처음 땅에서 솟아 나와 모든 보살들의 온갖 찬탄법으로 부처님 찬탄하되, 이와 같은 시간 50소겁 지났는데 이 때 석가모니불은 말없이 앉아 있었고, 사부대중들 또한 그러했느니라. 50소겁 부처님 신통력으로 모든 대중들로 하여금 마치 반나절 같이 느끼게 하였느니라.

그 때 사부대중 부처님 신통력 때문에 보살들 무량 백천만억 국토의 허공에 두루 가득함을 보며 이 보살들 가운데 네 분의 도사(導師)

있으니, 첫째이름은 상행이며, 둘째이름은 무변행, 셋째 이름은 정행이며, 넷째 이름은 안립행이었다. 이 네 명의 보살들 그 대중들 속에서 최고의 지도자로 대중들 앞에서 각기 함께 합장하고 석가모니불 친견하며 안부 묻기를 "세존이시여 병과 번거로움 없으시며, 편히 잘 지내나이까? 제도하는 사람들은 가르침 잘 받습니까? 그들이 세존을 피로하게는 하지 않습니까? "

그 때 사대보살이 게송으로 말하였다.

세존이시여 안락하시며 병과 번거로움
적으시며, 중생들 교화하시기 피곤하지는
않습니까? 또한 중생들 쉽게 교화를 받으며
세존을 피곤하게는 하지 않습니까?

그 때 세존께서 보살대중 가운데서 이런 말씀 하시되

"그러하고 그러하도다! 선남자들이여! 여래는 안락하고 병과 번거로움 적으며, 중생들 제도하기 쉬우며 피로는 없노라. 왜냐하면 이 중생들 세세생생에 항상 나의 교화를 받고 또한 과거 제불 공양 존중하고 온갖 선근을 심었으며 이 중생들 처음 내 몸 보고 나의 설법을 듣고는 곧 모두 믿고 받아지녀 여래의 지혜에 들어 갔기 때문이니라. 먼저 소승을 닦고 익히며 배운 사람들은 예외이지만, 이런 사람들도 내 지금 또한 이 경전 듣게 하여 부처님과 같은 지혜로 들어가게 하리라."

그 때 대보살들 게송을 설하였다.

훌륭하고 훌륭하십니다. 큰 영웅이신
세존이시여 중생들 쉽게 제도하시며
제불의 깊은 지혜 묻고, 듣고 나서 믿고 수행
하는 저희들 함께 기뻐하나이다.

그 때 세존께서 대보살들의 지도자들을 찬탄하시되 "좋고 좋도다. 선남자들이여 그대들은 능히 여래에게 수희심을 일으켰노라." 그 때 미륵보살과 8천 항하사 보살들 모두 이런 생각을 하되 '저희들 예로부터 이 대보살마하살들 땅에서 솟아나 세존 앞에 합장 공양하고 여래의 안부 묻는 것을 보지도 듣지도 못하였노라.'

그 때 미륵보살마하살이 8천 항하사 보살들의 마음속 생각을 알고, 아울러 스스로의 의혹도 풀기 위해서 합장하고 부처님께 게송으로 여쭈었다.

무량 천만억 보살대중들 옛날부터
일찍이 보지 못했는데, 원컨대 세존이시여
설하여 주소서! 이들은 어디에서 왔으며 어떤
인연으로 모였나이까? 큰 몸과 대신통 지혜는

헤아릴 수 없으며 그 뜻과 생각 견고하며
큰 인욕력이 있으며 중생들 보고자 원하니
그들 어디에서 왔나이까?

한 사람 한 사람의 보살들 거느린 권속들 그 수
한량없어 마치 항하사와 같으며 혹은 어떤
대보살은 6만 항하사 거느리고 있으며 이 같은
대중들 일심으로 불도를 구하며 이 대사들
6만 항하사이며 함께 와서 부처님께 공양 올리며
이 경전 호지하며 5만 항하사 보살 거느린 그
수는 이보다 많나이다.

4만 3만 2만 1만, 1천 1백 내지 1항사 반 항사
3,4분의 1항사, 억만분의 1항사. 천만 나유타
만억 제자 내지 반억에 이르기까지 그 수가
다시 위보다 많나이다. 백만에서 일만, 일천에서
일백, 오십에서 십까지, 그리고 3, 2, 1까지.
혼자 권속없이 머물기 좋아하는 사람도 함께
불소로 오니, 그 수가 위의 수보다 많으며,
이 같은 대중들 만약 어떤 사람이 그 수를
헤아리고자 하여 항사겁이 지나도 오히려

그 수를 다 알 수는 없나이다.
이들은 큰 위덕과 정진력 있으니 누가 이들에게
설법하여 교화하고 불도를 성취케 하였으며
누구로부터 초발심을 내었으며 어떤 불법을
찬탄하며 어떤 경전을 수지하고 수행하며 어떤
불도를 닦나이까?

이 보살들 신통력과 대지력 있으며 사방에서
땅이 갈라져 모두 그 속에서 솟아나오니
세존이시여 저희들 예로부터 이런 일 보지 못
하였나니, 원컨대 그들이 온 국토의 이름을
설해 주소서!

저는 항상 여러 국토 거느리되 이 대중들 일찍이
본 적이 없나니, 저는 이 대중들 중에 한 사람도
알지 못하며 홀연히 땅에서 나온 보살들이니
원컨대 그 인연을 설해 주소서! 지금 이 법회에
참석한 무량 백천억 보살들 모두 이 일을 알고자
하나이다. 이 보살대중들 본말 인연을 설하소서!
무량 공덕 세존이시여, 오직 바라건대 대중들
의심을 풀어 주소서!

그 때 석가모니 분신 제불들 무량 천만억 타방 국토에서 오신 분들 팔방의 보배 나무 아래 사자좌에 결가부좌하고 계시거늘, 그 부처님의 시자들 각각 이 보살대중들이 삼천대천세계 사방의 땅에서 솟아나 허공에 머물고 있음을 보고 각기 그 부처님께 여쭙기를 "세존이시여 이 모든 무량무변 아승지 보살대중들 어디서 왔나이까?"

그 때 제불께서 각기 시자들에게 말하되 "선남자들이여, 잠시만 기다려라. 보살마하살 있으니 이름이 미륵으로 석가모니 부처님으로부터 수기를 받아서 차후에 부처가 되리니, 그가 이 일들을 물었으니, 석가모니불이 지금 대답을 하실 것이니 그대들은 스스로 이런 인연으로 그 이유를 듣게 될 것이다."

그 때 석가모니불이 미륵보살에게 말하되 "훌륭하고 훌륭하도다. 아일다여 이에 능히 부처의 이런 큰 일을 물으니 그대들은 응당 함께 일심으로 정진의 갑옷을 입고 견고한 뜻을 세우라. 여래는 지금 제불의 지혜와 자재신통력과 사자분신의 힘과 위엄과 용맹한 대세력을 드러내어 설하고자 하노라."

그 때 세존께서 이 뜻을 거듭 밝히시려고 게송을 설하였다.

응당 일심으로 정진하라. 내가 이 일 설하고자
하니, 의심치 말라. 부처의 지혜는 불가사의
하니 그대들 지금 믿음의 힘을 일으켜 인내와
선함에 안주하라. 일찍이 듣지 못한 법 지금

모두 듣게 되리라. 내 지금 그대들 위로하나니
의심 품고 두려워하지 말라. 부처님의 말씀
다 진실하며 지혜는 한량없나니 얻은 제일법
깊고 깊어 분별할 수 없지만, 이제 이같은 법
설하리니 그대들 일심으로 들으라.

2강 - 한글 경문

이 때 세존께서 이 게송 설하시고 미륵보살에게 말씀하시되, 내가 지금 이 대중들 그대들에게 말하느니, 아일다(미륵)여 이 대보살들 무량 무수 아승지의 사람들 땅에서 솟아나오는 것을 그대들 예전에 보지 못했을 것이다. 내가 이 사바세계에서 깨달음을 얻은 이후에 이 보살들 교화하고 인도하여 그 마음 조복 받고 불도의 마음 내게 했느니라.

이 보살들 사바세계의 아래 세계 허공 중에 머무르며 여러 경전을 독송 통달 사유 분별하며 잘 기억하느니라. 아일다여 이 선남자들은 대중들 속에서 설법 많이 하기 좋아하지 않았으며 항상 고요한 곳 좋아하여 부지런히 정진하며 쉬지 않았느니라. 또한 항상 인간과 천상 의지하여 머무르지 않았으며 항상 깊은 지혜를 좋아하여 장애가 없었느니라. 또한 항상 제불의 가르침 좋아하고 일심으로 정진하여 최고의 지혜를 구하였느니라."

그 때 세존께서 이 뜻을 거듭 밝히시려고 게송을 설하였다.

아일다여 그대는 마땅히 알라. 이 대보살들
무수한 겁 동안 불지혜 닦고 익혔고 이들
내가 교화하여 큰 도심을 내게 하였으며
이들 모두 나의 아들로 이 세계 의지하여
항상 두타행 하며 마음 고요한 곳 좋아하며
대중들의 혼란함과 시끄러움 버리며 설법
많이 하기 좋아하지 않느니라.

이같은 모든 아들 내 법 배우고 익혀 주야로
늘 정진하고 불도 구하기 위해서 사바세계
아래 쪽 허공에 머무르며 뜻과 집중하는 힘
견고하며 항상 부지런히 지혜 구하며 온갖
묘법 설하되 그 마음 두려움 없느니라.

내가 가야성 보리수 나무 아래 앉아서
최상의 깨달음 성취하여 무상법륜 굴리며
그 후 그들 교화하여 초발심을 내게 하며
지금 모두 불퇴의 경지에 머무르니 모두
마땅히 성불하리라. 내가 지금 진실한
말씀 설하니 그대들은 일심으로 믿으라.
내 아주 오래전부터 이 대중들 교화했느니라.

그 때 미륵보살마하살과 무수한 보살들이 마음에 의혹이 생겨 일찍이 없던 일이라 이상하게 여기고는 이런 생각을 하되 '어찌하여 세존께서는 짧은 시간동안에 이와 같이 무량 무변 아승지 대보살들을 교화하여 아뇩다라삼막삼보리에 머물게 하는가?' 하고는 곧 부처님께 말씀 드리되, 세존이시여 여래께서는 태자 시절에 궁전에서 출가하여 가야성에서 멀지 않은 곳으로 가 도량에 앉아 깨달음을 얻고 그 후 40여년이 지났나이다.

세존이시여, 어찌 이와 같은 짧은 시간에 대작불사를 행하여, 불세력과 불공덕으로 이와 같은 무량 대보살들 교화하시어 깨달음을 얻게 할 수 있습니까?

세존이시여! 이 대보살들 설령 어떤 사람 있어 천만억겁 동안 헤아려도 다할 수 없으며 그 끝을 알 수 없나이다. 이들 아득한 옛날부터 무량 무변한 제불의 처소에서 모든 선근을 심었고 보살도 성취하고 항상 범행을 닦았을 것입니다. 세존이시여! 이 같은 일은 세상에서 믿기 어려운 바입니다.

비유를 들자면 어떤 사람 있어 얼굴은 아름다우며, 두발은 흑색이며, 그의 나이 25세로 백세 노인을 가리키며 이 사람이 나의 아들이라 말하고, 그 백세 노인도 또한 그 젊은 사람을 가리키며 이 사람이 나의 아버지요 나를 키운 사람이라 말하니 이 일은 정말로 믿기 어려운 일입니다. 부처님도 또한 이와 같아 깨달음을 이룬지 사실 얼마 되지 않았으나 이 많은 보살들 이미 무량 천만억겁 동안 불도 위해서 부지런히 정진하며, 자유롭게 들어가고 나오며 무량 백천만억 삼매에 머물며 대신통 얻고 오랫동안 범행을 닦으며, 능히 차례로 모든 선법 잘 익혀 문답 잘하며, 사람 중에 보석으로 일체 세간에 매우 희유하나이다.

오늘 세존께서 바로 말씀하시되 "내가 불도를 얻고 나서 바로 그들을 발심 교화 인도하여 깨달음으로 향하게 하였다." 세존이시여, 부처가 되신지 얼마 지나지 않아서 이에 능히 이 대공덕의 불사를 행하시니 저희들 비록 다시 근기따라 설법하시며, 말씀 허망하지 않으며, 부처님은 모든 것을 다 통달하여 알고 있다는 것을 믿지만 그러나 모든 새로 발심한 보살들 불멸 후에 만약 이 말을 듣고 혹 불신하고 수지하지 않는다면 법을 파하고 죄업 인연을 짓는 것입니다. 그러니 세존이시여! 설법하시어 저희들 의혹을 없애 주소서! 미래세 선남자들도 이 일 듣고 또한 의심 생기지 않게 하소서! 그 때 미륵보살 이 뜻을 거듭 밝히려고 게송으로 설하였다.

부처님 옛날 석가족에서 출가하여 가야성 근처
보리수에 앉은지 오래지 않지만, 이 불자들
그 수가 한량 없으며 오래도록 불도 행하여
신통력에 머물며 보살도 잘 배우고 세간법에
물들지 않음이 마치 연꽃 물에 머무르며 땅에서
솟아나 모두 공경심 일으키고 세존 앞에 머무르니

이 일 생각할 수 없는 바라 어찌 믿겠습니까?

부처님 득도하신지 아주 가까우며 성취한 바는
매우 많으니 원컨대 대중들 의심 없애고자
사실대로 설법해 주소서! 비유하자면 젊은이 나이
25세로 백세 노인 가리키되, 머리 희고 얼굴
늙었는데, 이 사람 내가 낳았다고 말하고
자식은 또한 이 사람 나의 아버지라 말합니다.
아버지는 젊고 자식은 늙으니 온 세상이 믿기
어렵습니다.

세존도 또한 그러하여 득도하신지 얼마되지 않으며
이 보살들 뜻이 견고하고 마음에 두려움 없으며
무량겁 동안 보살도 행하며 어려운 문답에 능하고
그 마음에 두려움 없나이다. 인욕심은 견고하고
용모 단정하며 위덕이 있으며 시방제불의 찬탄을
받으며 능히 설법 잘하며 사람들 무리에 머물기
좋아하지 않으며 항상 선정에 머물기 좋아하며
불도 구하기 위해서 아래 공중에 머무십니다.

저희들 부처님께 이 일 듣고 의심하지 않지만

원컨대 부처님이시여! 미래세 위하여 연설하여
열어서 이해하게 하소서! 만약 이 경전을 의심하여
믿지 않는 사람 있다면 곧바로 악도에 떨어지리니
원컨대 이제 설하소서! 이 무량한 보살들 잠깐 동안에
교화하고 발심하게 하여 불퇴의 경지에 머물게
하시나이까?

강의 1강

타방 세계에서 온 무수한 보살들이 자신들이 부처님 멸도에 드신 후에 법화경을 배우고 많은 사람들에게 전법하리라 말한다. 그러자 부처님께서 그럴 필요가 없다고 설한다. 무수히 많은 보살들이 이 사바세계에서 법화경을 배우고 설할 것이라 한다. 그러자 땅속에서 수많은 보살들이 솟아 올라온다. 이 보살들 몸은 황금색이며 32상호를 갖추고 무량한 광명을 발하였다. 그들은 일찍이 석가모니불께서 교화한 보살들이셨다. 그리고 그들을 대표하여 네 분의 대보살들이 계셨는데, 상행보살 무변행보살 정행보살 안립행보살이 그들이다. 그리고 미륵보살이 석가모니불의 수기를 받아서 내세에 부처가 되며, 미륵보살의 질문으로 땅에서 솟은 무수한 보살들의 인연에 대해서 대답하겠노라 밝히고 있다.

강의 2강

여기서는 백세 노인의 비유가 나온다. 여래가 성불하신지 얼마 안 되었는데, 땅에서 나온 이와 같은 많은 보살들을 교화하였다는 것은 마치 백세 노인을 보고 25세의 젊은이가 아들이라 부르고, 그 노인은 이 젊은이를 자신의 아버지라 말하는 것과 같이 믿기 어려운 일이라 밝히고 있다. 그리고 땅에서 솟아난 이 보살대중들은 무수한 삼매와 신통력을 가지고 있어 사람들 중의 보석임을 밝힌다.

제16 여래수량품

이 품은 범어로 Tathāgata-āyus-pramāṇa-parivartaḥ인데 Tathāgata는 여래를 뜻하며, āyus 는 수명을 뜻하고 pramāṇa는 수량을 의미하며 parivartaḥ는 품을 뜻한다. 그래서 여래수량품이 된다.

미륵보살과 모든 대보살이 부처님께 세 번이나 가르침을 간청하자 부처님께서 설하되, 모든 중생이 세존께서는 가야성에서 멀지 않은 도량에서 깨달음을 얻었다고 말하지만 사실은 깨달음을 얻은 지가 무량 무변 백천만억 나유타 겁이 지났다. 그리고 미진의 비유를 들어서 한량없는 세월을 설명하지만 다 설명할 수 없다. 여래께서 멸도를 보인 것은 중생들이 교만한 생각을 하고, 부처님을 만나기 어렵다는 생각을 하지 않고, 정진하려 하지 않기 때문에 박덕한 중생에게 방편으로 열반의 모습을 보인 것이지 사실은 여래께서는 상주불멸하는 분이다. 그것을 어진 의사의 비유로 설명하고 있다.

법화경을 해석한 인도의 세친 논사나 중국의 천태대사 그리고 한국의 원효대사도 법화경에서 방편품과 여래수량품을 중시했다. 방편품은 부처님의 자비 방편을, 여래수량품은 진리 그 자체를 통찰하는 부처님의 지혜에 무게 중심을 두고 있다.

원문

1강 - 한문 경문

묘법연화경여래수량품 제십육
妙法蓮華經如來壽量品 第十六

이시불고제보살급일체대중제선남자 여등당신해여래
爾時佛告諸菩薩及一切大衆諸善男子 汝等當信解如來

성제지어 부고대중 여등당신해여래성제지어 우부고
誠諦之語 復告大衆 汝等當信解如來誠諦之語 又復告

제대중 여등당신해여래성제지어 시시보살대중 미륵
諸大衆 汝等當信解如來誠諦之語 是時菩薩大衆 彌勒

위수합장백불언 세존 유원설지 아등당신수불어 여
爲首合掌白佛言 世尊 唯願說之 我等當信受佛語 如

시삼백이 부언유원설지 아등당신수불어 이시세존
是三白已 復言唯願說之 我等當信受佛語 爾時世尊

지제보살삼청부지 이고지언 여등제청 여래비밀신통
知諸菩薩三請不止 而告之言 汝等諦聽 如來祕密神通

지력 일체세간천인급아수라 개위금석가모니불출석씨
之力 一切世間天人及阿修羅 皆謂今釋迦牟尼佛出釋氏

궁 거가야성불원좌어도량 득아뇩다라삼막삼보리 연
宮 去伽耶城不遠坐於道場 得阿耨多羅三藐三菩提 然

선남자 아실성불이래 무량무변백천만억나유타겁 비
善男子 我實成佛已來 無量無邊百千萬億那由他劫 譬

여 오 백 천 만 억 나 유 타 아 승 지 삼 천 대 천 세 계　가 사 유 인 말
如五百千萬億那由他阿僧祇三千大千世界　假使有人抹

위 미 진　과 어 동 방 오 백 천 만 억 나 유 타 아 승 지 국　내 하 일 진
爲微塵　過於東方五百千萬億那由他阿僧祇國　乃下一塵

여 시 동 행 진 시 미 진　제 선 남 자　어 의 운 하　시 제 세 계　가
如是東行盡是微塵　諸善男子　於意云何　是諸世界　可

득 사 유 교 계 지 기 수 부　미 륵 보 살 등 구 백 불 언　세 존　시 제
得思惟校計知其數不　彌勒菩薩等俱白佛言　世尊　是諸

세 계 무 량 무 변 비 산 수 소 지　역 비 심 력 소 급　일 체 성 문 벽 지
世界無量無邊非算數所知　亦非心力所及　一切聲聞辟支

불　이 무 루 지　불 능 사 유 지 기 한 수　아 등 주 아 유 월 치 지
佛　以無漏智　不能思惟知其限數　我等住阿惟越致地

어 시 사 중 역 소 부 달　세 존　여 시 제 세 계 무 량 무 변　이 시 불
於是事中亦所不達　世尊　如是諸世界無量無邊　爾時佛

고 대 보 살 중　제 선 남 자　금 당 분 명 선 어 여 등　시 제 세 계
告大菩薩衆　諸善男子　今當分明宣語汝等　是諸世界

약 착 미 진 급 불 착 자　진 이 위 진 일 진 일 겁　아 성 불 이 래　부
若著微塵及不著者　盡以爲塵一塵一劫　我成佛已來　復

과 어 차 백 천 만 억 나 유 타 아 승 지 겁　자 종 시 래　아 상 재 차 사
過於此百千萬億那由他阿僧祇劫　自從是來　我常在此娑

바 세 계 설 법 교 화　역 어 여 처 백 천 만 억 나 유 타 아 승 지 국 도
婆世界說法敎化　亦於餘處百千萬億那由他阿僧祇國導

리 중 생　제 선 남 자　어 시 중 간　아 설 연 등 불 등　우 부 언 기
利衆生　諸善男子　於是中間　我說燃燈佛等　又復言其

입 어 열 반　여 시 개 이 방 편 분 별　제 선 남 자　약 유 중 생 래 지
入於涅槃　如是皆以方便分別　諸善男子　若有衆生來至

아 소　아 이 불 안　관 기 신 등 제 근 리 둔　수 소 응 도　처 처 자
我所　我以佛眼　觀其信等諸根利鈍　隨所應度　處處自

설 명 자 부 동 년 기 대 소　역 부 현 언 당 입 열 반　우 이 종 종 방 편
說名字不同年紀大小　亦復現言當入涅槃　又以種種方便

설 미 묘 법　능 령 중 생 발 환 희 심　제 선 남 자　여 래　견 제 중
說微妙法　能令衆生發歡喜心　諸善男子　如來　見諸衆

생요어소법덕박구중자 위시인설 아소출가득아녹다라
生樂於小法德薄垢重者 爲是人說 我少出家得阿耨多羅

삼막삼보리 연아실성불이래구원약사 단이방편교화중
三藐三菩提 然我實成佛已來久遠若斯 但以方便敎化衆

생 영입불도작여시설 제선남자 여래소연경전 개위
生 令入佛道作如是說 諸善男子 如來所演經典 皆爲

도탈중생 혹설기신혹설타신 혹시기신혹시타신 혹시
度脫衆生 或說己身或說他身 或示己身或示他身 或示

기사혹시타사 제소언설개실불허 소이자하 여래 여
己事或示他事 諸所言說皆實不虛 所以者何 如來 如

실지견삼계지상 무유생사약퇴약출 역무재세급멸도자
實知見三界之相 無有生死若退若出 亦無在世及滅度者

비실비허비여비이 불여삼계견어삼계 여사지사 여래
非實非虛非如非異 不如三界見於三界 如斯之事 如來

명견무유착류 이제중생유종종성종종욕종종행종종억
明見無有錯謬 以諸衆生有種種性種種欲種種行種種憶

상분별고 욕령생제선근 이약간인연비유언사종종설법
想分別故 欲令生諸善根 以若干因緣譬喩言辭種種說法

소작불사미증잠폐 여시아성불이래심대구원 수명무량
所作佛事未曾暫廢 如是我成佛已來甚大久遠 壽命無量

아승지겁상주불멸 제선남자 아본행보살도소성수명
阿僧祇劫常住不滅 諸善男子 我本行菩薩道所成壽命

금유미진부배상수 연금비실멸도 이변창언당취멸도
今猶未盡復倍上數 然今非實滅度 而便唱言當取滅度

여래이시방편교화중생 소이자하 약불구주어세 박덕
如來以是方便敎化衆生 所以者何 若佛久住於世 薄德

지인부종선근 빈궁하천탐착오욕 입어억상망견망중
之人不種善根 貧窮下賤貪著五欲 入於憶想妄見網中

약견여래상재불멸 변기교자이회염태 불능생난조지상
若見如來常在不滅 便起憍恣而懷厭怠 不能生難遭之想

공경지심 시고여래이방편설 비구당지 제불출세난가
恭敬之心 是故如來以方便說 比丘當知 諸佛出世難可

치우 소이자하 제박덕인 과무량백천만억겁 혹유견
値遇 所以者何 諸薄德人 過無量百千萬億劫 或有見

불혹불견자 이차사고아작시언 제비구 여래난가득견
佛或不見者 以此事故我作是言 諸比丘 如來難可得見

사중생등문여시어 필당생어조지상 심회연모갈앙어불
斯衆生等聞如是語 必當生於遭之想 心懷戀慕渴仰於佛

변종선근 시고여래 수불실멸이언멸도
便種善根 是故如來 雖不實滅而言滅度

원문

2강 – 한문 경문

우선남자 제불여래법개여시

又善男子 諸佛如來法皆如是

위도중생개실불허 비여양의지혜총달 명련방약선치중

爲度衆生皆實不虛 譬如良醫智慧聰達 明練方藥善治衆

병 기인다제자식 약십이십내지백수 이유사연원지여

病 其人多諸子息 若十二十乃至百數 以有事緣遠至餘

국 제자어후음타독약 약발민란완전우지 시시기부환

國 諸子於後飮他毒藥 藥發悶亂宛轉于地 是時其父還

래귀가 제자음독 혹실본심혹불실자 요견기부개대환

來歸家 諸子飮毒 或失本心或不失者 遙見其父皆大歡

희 배궤문신선안은귀 아등우치오복독약 원견구료갱

喜 拜跪問訊善安隱歸 我等愚癡誤服毒藥 願見救療更

사수명 부견자등고뇌여시 의제경방 구호약초색향미

賜壽命 父見子等苦惱如是 依諸經方 求好藥草色香美

미개실구족 도사화합여자령복 이작시언 차대양약

味皆悉具足 擣篩和合與子令服 而作是言 此大良藥

색향미미개실구족 여등가복 속제고뇌무부중환 기제

色香美味皆悉具足 汝等可服 速除苦惱無復衆患 其諸

자중불실심자 견차양약색향구호 즉변복지병진제유

子中不失心者 見此良藥色香俱好 卽便服之病盡除愈

여실심자 견기부래 수역환희문신구색치병 연여기약

餘失心者 見其父來 雖亦歡喜問訊求索治病 然與其藥

이불긍복 소이자하 독기심입실본심고 어차호색향약
而不肯服 所以者何 毒氣深入失本心故 於此好色香藥

이위불미 부작시념 차자가민 위독소중심개전도 수
而謂不美 父作是念 此子可愍 爲毒所中心皆顚倒 雖

견아희구색구료 여시호약이불긍복 아금당설방편령복
見我喜求索救療 如是好藥而不肯服 我今當設方便令服

차약 즉작시언
此藥 卽作是言

여등당지 아금쇠로사시이지 시호양약금류재차 여가
汝等當知 我今衰老死時已至 是好良藥今留在此 汝可

취복물우불차 작시교이부지타국 견사환고 여부이사
取服勿憂不差 作是敎已復至他國 遣使還告 汝父已死

시시제자문부배상 심대우뇌이작시념 약부재자 자민
是時諸子聞父背喪 心大憂惱而作是念 若父在者 慈愍

아등능견구호 금자사아원상타국 자유고로무부시호
我等能見救護 今者捨我遠喪他國 自惟孤露無復恃怙

상회비감심수성오 내지차약색미향미 즉취복지독병개
常懷悲感心遂醒悟 乃知此藥色味香美 卽取服之毒病皆

유 기부문자실이득차 심변래귀함사견지 제선남자
愈 其父聞子悉已得差 尋便來歸咸使見之 諸善男子

어의운하 파유인능설차양의허망죄부
於意云何 頗有人能說此良醫虛妄罪不

불야세존 불언 아역여시 성불이래 무량무변백천만
不也世尊 佛言 我亦如是 成佛已來 無量無邊百千萬

억나유타아승지겁 위중생고 이방편력언당멸도 역무
億那由他阿僧祇劫 爲衆生故 以方便力言當滅度 亦無

유능여법설아허망과자 이시세존욕중선차의 이설게언
有能如法說我虛妄過者 爾時世尊欲重宣此義 而說偈言

자아득불래 소경제겁수 무량백천만 억재아승지
自我得佛來 所經諸劫數 無量百千萬 億載阿僧祇

상설법교화 무수억중생 영입어불도 이래무량겁
常説法教化 無數億衆生 令入於佛道 爾來無量劫

위도중생고 방편현열반 이실불멸도 상주차설법
爲度衆生故 方便現涅槃 而實不滅度 常住此説法

아상주어차 이제신통력 영전도중생 수근이불견
我常住於此 以諸神通力 令顚倒衆生 雖近而不見

중견아멸도 광공양사리 함개회연모 이생갈앙심
衆見我滅度 廣供養舍利 咸皆懷戀慕 而生渴仰心

중생기신복 질직의유연 일심욕견불 부자석신명
衆生旣信伏 質直意柔軟 一心欲見佛 不自惜身命

시아급중승 구출영취산 아시어중생 상재차불멸
時我及衆僧 俱出靈鷲山 我時語衆生 常在此不滅

이방편력고 현유멸불멸 여국유중생 공경신요자
以方便力故 現有滅不滅 餘國有衆生 恭敬信樂者

아부어피중 위설무상법 여등불문차 단위아멸도
我復於彼中 爲説無上法 汝等不聞此 但謂我滅度

아견제중생 몰재어고뇌 고불위현신 영기생갈앙
我見諸衆生 沒在於苦惱 故不爲現身 令其生渴仰

인기심연모 내출위설법 신통력여시 어아승지겁
因其心戀慕 乃出爲説法 神通力如是 於阿僧祇劫

상재영취산 급여제주처 중생견겁진 대화소소시
常在靈鷲山 及餘諸住處 衆生見劫盡 大火所燒時

아차토안은 천인상충만 원림제당각 종종보장엄
我此土安隱 天人常充滿 園林諸堂閣 種種寶莊嚴

보수다화과 중생소유락 제천격천고 상작중기악
寶樹多花果 衆生所遊樂 諸天擊天鼓 常作衆伎樂

우만다라화 산불급대중 아정토불훼 이중견소진
雨曼陀羅花 散佛及大衆 我淨土不毁 而衆見燒盡

우포제고뇌 여시실충만 시제죄중생 이악업인연
憂怖諸苦惱 如是悉充滿 是諸罪衆生 以惡業因緣

과아승지겁 불문삼보명 제유수공덕 유화질직자
過阿僧祇劫 不聞三寶名 諸有修功德 柔和質直者

즉 개 견 아 신 재 차 이 설 법 혹 시 위 차 중 설 불 수 무 량
則皆見我身 在此而說法 或時爲此衆 說佛壽無量

구 내 견 불 자 위 설 불 난 치
久乃見佛者 爲說佛難値

아 지 력 여 시 혜 광 조 무 량 수 명 무 수 겁 구 수 업 소 득
我智力如是 慧光照無量 壽命無數劫 久修業所得

여 등 유 지 자 물 어 차 생 의 당 단 령 영 진 불 어 실 불 허
汝等有智者 勿於此生疑 當斷令永盡 佛語實不虛

여 의 선 방 편 위 치 광 자 고 실 재 이 언 사 무 능 설 허 망
如醫善方便 爲治狂子故 實在而言死 無能說虛妄

아 역 위 세 부 구 제 고 환 자 위 범 부 전 도 실 재 이 언 멸
我亦爲世父 救諸苦患者 爲凡夫顚倒 實在而言滅

이 상 견 아 고 이 생 교 자 심 방 일 착 오 욕 타 어 악 도 중
以常見我故 而生憍恣心 放逸著五欲 墮於惡道中

아 상 지 중 생 행 도 불 행 도 수 소 응 가 도 위 설 종 종 법
我常知衆生 行道不行道 隨所應可度 爲說種種法

매 자 작 시 의 이 하 령 중 생 득 입 무 상 혜 속 성 취 불 신
每自作是意 以何令衆生 得入無上慧 速成就佛身

해석

1강 – 한글 경문

이 때 세존께서 보살들과 일체 대중들에게 말씀하시되 선남자들이여, 그대들은 마땅히 여래의 진리의 말씀을 믿고 이해하라! 다시 대중들에게 말씀하시되, 그대들은 마땅히 여래의 진리의 말씀을 믿고 이해하라! 다시 한 번 더 대중들에게 말씀하시되, 그대들은 마땅히 여래의 진리의 말씀을 믿고 이해하라! 이 때 보살대중 가운데 미륵이 앞으로 나와 합장하고 부처님께 여쭙되, 세존이시여 원컨대 설법해 주소서! 저희들이 마땅히 부처님 말씀을 믿고 받들겠나이다. 이같이 세 번이나 간청하고 다시 여쭙되, 원컨대 설법해 주소서! 저희들이 마땅히 부처님 말씀을 믿고 받들겠나이다.

이 때 세존께서 보살들이 세 번이나 청해 그치지 않음을 아시고 말씀하셨다.

"그대들은 여래의 비밀스런 신통력을 자세히 들으라. 일체 세간의 천인과 아수라 등이 모두 말하기를 지금의 석가모니불이 석가족의 왕궁을 출가하여 가야성에서 멀지 않은 곳으로 가서 도량에 좌선하시어 깨달음을 얻었다 하나, 선남자여, 나는 진실로 성불한 지가 무량

무변 백천만억 나유타 겁이나 되었느니라. 비유를 들자면 마치 오백천만억 나유타 아승지 삼천대천세계를 설령 어떤 사람이 있어 갈아 티끌로 만들어서 동방 오백천만억 나유타 아승지국을 지나서 티끌 하나를 떨어뜨려 이와 같이 동쪽으로 가면서 이 티끌이 모두 없어진다고 한다면, 선남자들이여 어떻게 생각하는가? 이 모든 세계가 가히 생각과 계산으로 그 수를 알수 있는가? 없는가?" 미륵보살 등이 함께 부처님께 대답하되 "세존이시여, 이 세계는 무량 무변하여 계산으로 알 수 있는 바가 아닙니다. 또한 마음의 힘으로는 미칠 수가 없습니다. 일체의 성문 벽지불이 능히 무루의 지혜로도 사유해서 그 숫자의 한계를 알 수 없습니다. 저희들이 불퇴전(아비발치)의 지위에 머물러도 이 일을 또한 알 수는 없습니다. 세존이시여 이와 같은 모든 세계는 무량 무변하나이다."

이 때 부처님께서 대보살들에게 말씀하셨다.

"선남자들이여, 지금 분명히 그대들에게 말하노니, 이 모든 세계에서 만약 작은 티끌을 묻히거나 안 묻히거나 모두 티끌을 만들어서 한 티끌을 한 겁으로 친다고 하더라도 내가 성불한 지가 다시 이보다 백천만억 나유타 겁도 더 되었느니라. 이로부터 나는 항상 이 사바세계에 있으면서 설법 교화했으며, 또한 다른 곳에 있는 백천만억 나유타 아승지국에서 중생을 인도해 이롭게 했느니라. 선남자들이여, 이 중간에 내가 연등불이라 말했으며, 또한 다시 말하기를 열반에 든다고 했으니, 이 모든 것이 다 방편으로 설한 것이었느니라."

선남자들이여, 만약 중생들이 있어 나의 처소로 오면 내가 부처의 눈으로 그 사람의 믿음과 근기를 관찰하여 성품따라 제도하리라. 곳곳에서 이름이 다르고 나이에 차이가 있음을 알아 스스로 설하며, 또한 열반에 들리라고 말하며 또 온갖 방편으로 미묘법을 설하여 능히 중생들로 하여금 환희심을 내게 하느니라. 선남자들이여, 여래가 중생들 소법을 좋아하고 박덕하고 업장이 두터운 것을 보고 이 사람들 위해 설법하되 '내가 젊어 출가하여 최상의 깨달음을 얻었느니라' 말하나 내가 실로 성불한 지가 아득히 오래된 것이 이와 같으나 단지 방편으로 중생들을 교화하여 불도에 들어가게 하기 위해서 이와 같이 설하느니라. 선남자들이여, 여래가 설한 경전들은 모두 중생들 제도하기 위해서니라. 혹은 자신의 몸을 설하고 혹은 다른 부처의 몸을 설하며, 혹은 자신의 몸을 보이며 혹은 다른 부처의 몸을 보이며, 혹은 자기 불사를 보이며 혹은 다른 부처의 불사를 보이느니라. 모든 말씀 진실하며 허망하지 않느니라.

왜냐하면 여래는 삼계의 모습을 여실히 보아서 알며, 생사가 없고 퇴출이 없으며 또한 재세나 멸도가 없느니라. 실과 허가 없으며 같음과 차이도 없으며 삼계로 삼계를 보는 것과는 다르느니라. 이와 같은 일을 여래는 명확히 보아서 착오가 없지만 여러 중생들 온갖 성품과 욕망과 행동과 생각과 분별 때문에 모든 선근을 생겨나게 해서 약간의 인연 비유 언사로 여러 가지 설법하나니 일찍이 불사를 하여 잠시도 멈춘 바가 없었느니라. 이와같이 내가 성불한 지가 심대 구원하여 수명은 무량 아승지겁이며 상주불멸이니라.

선남자들이여, 내가 본래 보살도 행하여 이룬 수명은 지금 오히려 다하지 않은 것이며 다시 위의 숫자의 곱이나 되느니라. 그러나 지금 실멸도가 아니기에 곧 말하되 "마땅히 멸도를 취하라." 여래는 이러한 방편으로 중생을 교화하느니라. 왜냐하면 만약 부처님 세상에 오래토록 머물게 되면 박덕한 사람들이 선근을 심지 않고 가난하고 천하며 오욕에 탐착하여 기억과 생각의 허망한 그물에 걸려 들며, 만약 여래의 상주불멸함을 보면 곧 교만심을 일으키고 나태한 생각을 품으며 부처님 만나 뵙기 어렵고 공경해야 한다는 생각을 내지 않기 때문에 여래는 방편으로 설법하느니라. 비구여 마땅히 알라. 제불이 세상에 출현함은 가히 만나 뵙기 어려움을. 왜냐하면 박덕한 사람들은 무량 백천만억겁 지나도 부처님 친견하는 사람도 있고 못하는 사람도 있으니 이런 일 때문에 내가 말하되 "비구들이여 여래는 만나 뵙기 어려운 분이니라. 이 중생들 이러한 이야기를 듣고 반드시 마땅히 '부처님 만나기 어렵다는 생각'을 하고 연모하는 마음을 품고 부처님을 간절히 우러러 보며 곧 선근을 심느니라. 이런 까닭에 여래는 비록 실재로 죽음이 없지만 멸도(죽음) 한다고 말하느니라.

해석

2강 – 한글 경문

또한 선남자여 제불 여래법이 모두 이와 같나니 중생을 제도하기 위함이며 모두 진실하며 거짓이 없느니라. 비유하자면 양의가 있어 지혜가 뛰어나고 약을 처방함에 있어 탁월하여 온갖 병들을 잘 치유하는데, 그 사람에게 자식들이 많으니 10명, 20명, 내지 100명이나 된다고 하자. 사연이 있어 멀리 다른 나라로 갔는데, 자식들이 이후에 남의 독약을 먹고 약기운이 발동하여 답답하고 어지러워하며 땅에 뒹굴거늘, 이 때 그 아버지가 집에 돌아왔느니라. 자식들 독을 먹고 혹은 본심을 잃고 혹은 실성하지 않은 자들도 있는데, 멀리서 그 아버지를 보고 모두 크게 기뻐하며 절하고 무릎 꿇고 문안을 여쭙되, "편히 잘 다녀오셨습니까? 저희들이 어리석어 독약을 잘못 먹었으니 원컨대 고쳐 주시고 다시 수명을 주십시오!" 아버지는 아이들의 고통이 이와 같음을 보고 경방(經方)에 의해 좋은 약초를 구하니 색과 향 좋은 맛을 모두 갖추었느니라. 찧고 채로 쳐서 화합하여 자식들에게 주어 먹게 하려고 말하되 "이것은 좋은 양약으로 색과 향 좋은 맛을 모두 갖추었다. 너희들이 복용하여 속히 고통을 없애고 다시는 여러 근심 없게 하라." 그 아들 중에 실성하지 않은 이들은 이 양약이 색과 향 모두 좋음을 보고 곧 바로 약을 먹어 병을 치유했느니라. 나머지 실성한 아들은 그 아버지가 오는 것을 보고 비록 기뻐하며 문안드리며 병을 치료할 방법을 찾지만 약을 주어도 먹지 않느니라. 왜냐하면 독기운이 깊이 들어가 본심을 잃은 까닭에 이 좋은 색과 향을 지닌 약도 좋지 않다고 말하기 때문이니라. 아버지는 이와 같이 생각하되 '이 아이들이 가엾구나. 독약에 중독되어 마음이 모두 전도되어, 비록 나를 보고 좋아하지만 치료해 달라고 하면서도, 이와 같은 좋은 약을 먹으려고 하지 않는구나. 내가 지금 방편으로 이 약을 먹게 하리라.' 하고 이렇게 말했느니라. "그대들은 마땅히 알라. 내가 지금 연로하여 죽을 때가 되었으니, 이 좋은 약을 여기에 놓아두니 너희들은 이 약을 먹되 차도가 없을 것이란 걱정은 하지 말라." 이와 같이 가르치고는 다시 타국에 가서 대리인을 보내 "너희 아버지가 돌아가셨다."라고 전하라 했느니라. 이 때 자식들은 아버지가 돌아가셨다는 말을 듣고 마음이 크게 슬프고 괴로워하면서 이런 생각을 하되, 만약 아버지께서 계셨다면 우리들을 불쌍히 여겨서 능히 돌봐주었을 것을. 지금 우리를 버리고 멀리 타국에서 돌아가시니 스스로 외롭게 생각하여 다시 믿고 의지할 사람이 없으니, 항상 슬픈 감정을 가지다가 마음 드디어 깨달아 이 약이 색과 맛 향기가 좋음을 알고 곧 취하여 그것을 먹었느니라. 그리하여 중독된 병이 모두 치유되거늘 그 아버지는 자식들이 모두 쾌차했다는 소식을 듣고 곧 귀가

하여 아들들이 모두 자신을 보게 하였느니라.

선남자여, 어떻게 생각하는가? 무릇 어떤 사람 있어 이 양의가 거짓말한 죄가 있는 것이라 말하겠는가? 아닙니다. 세존이시여! 부처님께서 말씀하시되 "나도 또한 이와 같아서 성불 이래로 무량 무변 백천만억 나유타 아승지겁이 지났지만 중생들 위한 까닭에 방편력으로 멸도에 들것이라 말하나, 능히 어떤 사람도 여법하게 나에게 허망한 허물이 있는 사람이라고 말하지 못하리라."

이 때 세존께서 거듭 이 뜻을 펴려고 게송을 설하셨다.

내가 성불한 후 지나간 세월 무량 백천만
억년 아승지겁이라. 항상 설법 교화해 무수한
중생들 불도에 들어가게 한 이래로 무수겁동안
중생 제도 위해서 방편으로 열반을 보이네.
실은 멸도하지 않고 항상 여기에 머물면서
설법하네. 내가 항상 여기 머물지만 여러
신통력 때문에 전도된 중생들 비록 가까이
있어도 볼 수가 없는 것이니라.
대중들 나의 멸도를 보고 널리 사리에 공양
올리고 모두 다 연모하는 마음 품고 간절한
마음을 일으켜 중생들 믿고 절하며 성질은
정직하고 마음은 유연하며 일심으로 부처님

친견하고자 하여 스스로 신명을 아끼지
않는다면 이 때 나와 대중스님들 함께 영취산에
출현하여 내가 이 때 중생들에게 말하기를
"항상 이곳에서 불멸이지만 방편력으로
멸도와 불멸도를 보인다." 말하느니라.
다른 나라에 중생들 있어 공경히 믿고
좋아하는 사람들 있으면 내가 그곳으로 가서
무상법 설하나니, 그대들은 이것을 듣지
못하고 단지 내가 멸도했다고 말하느니라.

내가 중생들 고뇌속에 빠져 있음을 보고
그래서 몸을 나투지 않고 있다가 그들에게
간절한 마음을 생기게 하고 그 연모하는 마음을
인연으로 해서 이에 출현하여 설법하느니라.
신통력이 이와 같아 아승지겁동안 항상
영취산이나 다른 장소에 머무느니라.
중생들 겁(劫)이 다하여 큰 불이 세상을 태우는
때를 보지만, 나는 여기서 편안하며 천인들은
항상 충만하며 숲과 모든 건물들 온갖 보배로
장엄하며 보배나무들 꽃과 과일 많으며 중생들
유람하며 즐기네. 하늘에서는 하늘나라 북을

울리며 항상 갖가지 악기를 연주하며 만다라화
꽃비가 내려 부처님과 대중들 몸에 뿌려지느니라.

나의 정토는 훼손되지 않지만 중생들 불이 다
타면 걱정과 공포 등 이러한 고뇌가 가득하니
이런 죄많은 중생들은 악업 인연으로 아승지겁이
지나도 삼보의 이름조차 듣지 못하지만 공덕을
닦아 마음이 부드럽고 착한 사람들은 모두 내가
여기서 설법함을 보며 이 대중들 위해 불수명이
무량함을 설법하며 오랜만에 부처님 친견하는
이들에게는 부처님 만나 뵙기 어려움을
설해 주느니라.

내 지혜의 힘은 이와 같아 지혜의 빛은 무량한
세계를 비추며 수명은 무량겁이라 오랫동안
수행해서 얻은 바니라. 그대들 중에서 지혜 있는
사람들은 이것을 의심치 말라. 마땅히 의심을
영원히 끊을 것이니 여래의 말씀은 진실해
거짓이 없느니라.

마치 양의가 좋은 방편으로 미친 아들을 치유한

바와 같으니 죽었다고 말하나 허망한 말은 아님과
같은 이치니라. 나 또한 세상의 아버지로 고통받는
환자를 구하는 사람이라 미혹한 범부 위해서
멸도를 이야기 하느니라. 항상 나를 친견한다면
교만한 마음이 생겨 방일하고 오욕에 집착하여
악도에 떨어지기 때문에, 나는 항상 중생들이
도를 행함과 행하지 않음을 알아 그들의 근기
따라서 온갖 법을 설하느니라.
항상 '어떻게 중생들이 무상의 지혜로 들어가
속히 부처님 몸을 성취할 것이가?' 라고 생각하느니라.

강의 1강

여래수량품의 시작 부분은 미륵보살 등이 세존께 설법을 간청하자 "너희들은 내가 석가족 왕궁에서 출가하여 보리수 나무 아래에서 깨달음을 얻었다고 말하나 실은 내가 성불한 지는 무량 무변 아승지겁이 지났느니라. 이 중간에 연등불이라 말하기도 하고, 열반을 보이기도 하지만 이 모든 것이 방편으로 분별한 것이니라." 라고 밝힌다.

석가모니부처님은 석가족의 왕자로 태어나 29세에 출가하여 6년 동안 설산에서 수행하고 35세에 보리수 나무 아래에서 음력 12월 8일 깨달음을 얻었고 45년 동안 중생들을 위해서 수많은 마을을 다니며 중생들을 제도하시다가 80세에 열반에 드셨는데, 사실은 깨달음을 얻은 지가 무량 무변 아승지겁보다 더 오래 되었지만 방편으로 깨달음과 열반을 보인 것이라 설한다.

중생들이 부처님 처소에 오면 불안(佛眼)으로 관찰하여 그들의 믿음과 성품과 나이에 따라 방편으로 서로 다른 미묘법을 연설하여 환희심을 내게 한다. 또한 소법(小法)을 좋아하고 덕이 거의 없으며 업장이 두터운 중생들을 위해서 출가와 열반을 보이지만, 사실 성불한 지가 너무도 아득히 오래 되었고 중생들을 방편으로 교화하여 불도에 들어가게 하기 위해서 출가와 열반을 설한 것이라 한다. "내가 성불한 지가 심대구원(甚大久遠)하고 수명은 무량 아승지겁이나 되며 상주불멸(常住不滅)이니라." 그러나 박덕하고 오욕에 집착하는 중생에게 부처가 열반하는 모습을 보여주면 마음에 공경심과 부처님 만나 뵙기 어렵다는 생각과 연모하는 마음을 품기에, 방편으로 열반을 보인 것이라 설한다.

부처님의 죽음을 열반이나 멸도라고 표현한다. 니르바나를 음사한 것으로 번뇌의 불이 완전히 꺼진 상태를 말한다. 일반적으로 스님들의 죽음도 열반으로 표현한다.

부처님께서 깨달음을 얻은 것이 숫자로 계산이 안되는 아득한 옛날이며 세상에 항상 계시며 죽지 않지만 중생들을 방편으로 제도하기 위해서 죽음을 보인 것이다.

강의 2강 양의(良醫)의 비유

부처님께서 자신의 수명은 아승지겁이나 되고 상주불멸이라 설한다. 그리고 중생들에게 열반을 보인 것은 방편으로 중생을 제도하기 위함임을 밝힌다. 이것을 양의의 비유로 설명하고 있다. 그 내용을 간략히 보면 다음과 같다.

〈병을 잘 고치기로 소문난 의사가 있었다. 그에게 수십명의 아들이 있었는데, 외국으로 출장 간 사이에 독약을 마시고 땅에 뒹굴고 난리가 났다. 아버지가 집에 돌아와 그 광경을 보고 해독약을 지어서 자식에게 주었다. 독약 때문에 실성한 아이들은 그것을 먹으려 하지 않았고, 실성하지 않은 아이들은 그 약을 먹고 바로 병이 나았다. 아버지가 자식에게 아무리 약을 주어도 독약을 먹어 실성했기 때문에 병을 고쳐 달라고는 하면서 약은 먹지 않았다. 그래서 아버지가 방편을 내어 자식에게 약을 먹이려 했다. "너희들에게 알린다. 내가 늙어 죽을 때가 되었구나. 이 좋은 약을 여기 놓아 두고 멀리 떠나니 부디 먹어서 병을 고치기 바란다."

그리고 외국으로 가서 사람을 보내 "너희 아버지가 돌아가셨다." 라고 자식들에게 알리라 했다. 자식들이 아버지의 부고를 듣고 비통

해 했다. '아버지가 계셨다면 우리를 불쌍히 여겨 잘 돌봐 주시련만 타국에서 돌아가시니 이제 누구를 의지할 것인가?' 이렇게 슬퍼하던 중에 마침내 정신이 들어 아버지가 놓고 간 약을 먹고 모두 병을 고치게 되었다. 아버지가 이 소식을 듣고 집으로 달려와 자식들과 다시 만나게 된다.〉

여기서 독약을 먹은 자식들은 삼독에 빠진 우리 중생들을 의미하며, 유명한 의사는 부처님을 뜻한다. 죽었다고 말함은 중생들이 약을 먹어 독을 치유하기 위한 방편으로 말한 것이지 사실은 죽은 것이 아니다. 부처님도 이와 같아서 방편으로 중생들에게 열반을 보일 뿐 이 세상에 영원히 존재하시는 분이다.

우리들이 확신을 가지고 열심히 공덕을 닦고 수행할 때 부처님은 언제나 우리 곁에서 우리의 기도에 응하여 수행을 성취하도록 가피력을 내리실 것이다.

운문 게송은 앞의 내용을 운문으로 다시 한 번 설명하는 부분이다.

내용은 부처님 수명은 무량하여 상주불멸한다는 것과 양의의 비유가 간단하게 나온다. 그리고 그토록 오랜 세월 중생들 위해서 방편을 나타내어 교화하고 모두 불도에 들게 한다. 중생들 눈에는 부처가 열반을 보이지만 실은 열반한 것이 아니며, 사바세계 뿐만 아니라 다른 세계에도 신심있는 중생들 있으면 그곳에서 설법할 것임을 밝힌다.

중생들 눈에는 세상이 다하여 불이 세상을 태우는 것을 보지만 실재로는 부처님의 세계는 편안하고 하늘나라 사람들이 늘 가득하며, 천신들이 하늘 나라 북을 울리며 음악을 연주하며 부처님과 대중들 위해서 만다라화를 온 세상에 뿌린다. 중생들 눈에만 세상이 불타고 있는 것으로 보일 뿐, 이들은 악업 인연으로 삼보의 이름조차 못 들었다. 그러나 공덕을 닦은 사람들은 부처님의 수명이 무량함을 듣고, 부처님이 이 세상에서 설법함도 보게 된다.

그리고 '부처님은 항상 어떻게 중생들을 교화하여 최상의 지혜를 얻게 할 것인가' 를 생각하고 계신다는 게송으로 여래수량품이 끝나게 된다.

얼마 전 미국 나사 우주국에서 발표한 소식이 세상을 깜짝 놀라게 했다. 생명을 유지하는 필수 요소인 인 대신에 비소를 생명 에너지로 살아가는 슈퍼 미생물이 미국 캘리포니아주 요세미티 국립공원 모노 호수에서 발견되었기 때문이다. 일반적으로 생명체는 비소와 같은 독극물을 기반으로 살아 갈 수 없다고 알려졌는데, 이런 이론을 완전히 뒤바꾼 발견이다. 하기야 근세까지 태양이 지구를 돈다고 전 인류가 믿었고, 이에 반해서 지동설을 주장하던 갈릴레이는 죽을 고비를 자신의 신념을 버림으로써 겨우 화형을 모면했다. 이번에 발견한 슈퍼 미생물은 생명의 범위를 대폭 확장시켰다. 산소가 없이도 생명이 살 수도 있고, 수 천도가 넘는 불덩이 속에서도 그것을 에너지원으로 해서 살 수 있는 생명체가 있을 수 있다는 가능성을 연 것이다. 독극물을 에너지원으로 해서도 살 수 있는 생명체가 있는데, 다른 생명체인들 존재하지 못할 이유가 없다.

운문 게송 부문에서 부처님께서 '중생들이 세상이 다하여 불이 세계를 태우는 것을 보고 걱정하지만 부처의 눈으로 보면 세상은 오히려 편안하고 천인들이 가득하고 하늘에서 북이 울리고 음악이 연주되며 천신들이 만다라화를 부처님과 대중들에게 뿌린다.' 는 구절이 나온다.

우리 중생들이 미혹의 눈으로 바라보는 세계와 부처님께서 지혜의 눈으로 보는 세계가 다름을 알 수 있다. 우리들이 알고 있는 우주에 대한 지식도 극히 미미하다.

현대 과학자들이 허블 우주 망원경으로 관측할 수 있는 별들은 불과 0.5%밖에 안 된다. 99.5%는 아직 미지의 세계이다. 이런 중생들을 제도하기 위해서는 부처님께서 그 중생의 능력에 맞게 방편을 설하여 불도로 인도하는 것임을 밝힌다.

모든 불교 고승들이 법화경의 방편품과 여래수량품을 중심축으로 해석했다. 여래수량품은 부처님 지혜의 세계를, 방편품은 중생을 방편으로 깨달음의 세계로 인도하는 부처님 자비의 세계를 밝히고 있다.

제17 분별공덕품

범어로 이 품은 Puṇya paryāya parivartaḥ인데 Puṇya는 공덕을 뜻하며, paryāya는 분별함을 뜻하며, parivartaḥ는 품을 뜻한다. 그래서 한역에서는 분별공덕품으로 번역되었다.

부처님 수명이 장구한 것을 듣고 모인 무수한 대중들이 큰 이익을 얻게 된다. 세존께서 미륵보살에게 어떤 보살마하살들은 무생법인(깨달음)을 얻었고, 어떤 보살마하살들은 문지다라니문(듣고 잘 기억하는 힘)을 얻었고, 어떤 보살마하살들은 요설무애변재(설법을 잘 하는 힘)를 얻는 등 모인 대중들이 각기 다양한 이익을 얻게 된다. 그리고 부처님 생존 시 법화경을 수지할 때 얻는 공덕과 열반한 후에 법화경을 수지하고 홍포할 때 얻는 공덕에 대해서 설하고 있다.

원문

1강 – 한문 경문

이시대회문불설수명겁수장원여시무량무변아승지중생
爾時大會聞佛説壽命劫數長遠如是無量無邊阿僧祇衆生

득대요익 어시세존 고미륵보살마하살 아일다 아설
得大饒益 於時世尊 告彌勒菩薩摩訶薩 阿逸多 我説

시여래수명장원시 육백팔십만억나유타항하사중생 득
是如來壽命長遠時 六百八十萬億那由他恒河沙衆生 得

무생법인 부유천배보살마하살 득문지다라니문 부유
無生法忍 復有千倍菩薩摩訶薩 得聞持陀羅尼門 復有

일세계미진수보살마하살 득요설무애변재 부유일세계
一世界微塵數菩薩摩訶薩 得樂説無礙辯才 復有一世界

미진수보살마하살 득백천만억무량선다라니 부유삼천
微塵數菩薩摩訶薩 得百千萬億無量旋陀羅尼 復有三千

대천세계미진수보살마하살 능전불퇴법륜 부유이천중
大千世界微塵數菩薩摩訶薩 能轉不退法輪 復有二千中

국토미진수보살마하살 능전청정법륜 부유소천국토미
國土微塵數菩薩摩訶薩 能轉清淨法輪 復有小千國土微

진수보살마하살 팔생당득아뇩다라삼막삼보리 부유사
塵數菩薩摩訶薩 八生當得阿耨多羅三藐三菩提 復有四

사천하미진수보살마하살 사생당득아뇩다라삼막삼보
四天下微塵數菩薩摩訶薩 四生當得阿耨多羅三藐三菩

리 부유삼사천하미진수보살마하살 삼생당득아뇩다라
提 復有三四天下微塵數菩薩摩訶薩 三生當得阿耨多羅

삼막삼보리 부유이사천하미진수보살마하살 이생당득

三藐三菩提 復有二四天下微塵數菩薩摩訶薩 二生當得

아뇩다라삼막삼보리 부유일사천하미진수보살마하살

阿耨多羅三藐三菩提 復有一四天下微塵數菩薩摩訶薩

일생당득아뇩다라삼막삼보리 부유팔세계미진수중생

一生當得阿耨多羅三藐三菩提 復有八世界微塵數衆生

개발아뇩다라삼막삼보리심

皆發阿耨多羅三藐三菩提心

불설시제보살마하살득대법리시 어허공중 우만다라화

佛說是諸菩薩摩訶薩得大法利時 於虛空中 雨曼陀羅華

마하만다라화 이산무량백천만억중보수하사자좌상제

摩訶曼陀羅華 以散無量百千萬億衆寶樹下師子座上諸

불 병산칠보탑중사자좌상석가모니불급구멸도다보여

佛 并散七寶塔中師子座上釋迦牟尼佛及久滅度多寶如

래역산일체제대보살급사부중 우우세말전단침수향등

來亦散一切諸大菩薩及四部衆 又雨細末栴檀沈水香等

어허공중 천고자명묘성심원 우우천종천의 수제영락

於虛空中 天鼓自鳴妙聲深遠 又雨千種天衣 垂諸瓔珞

진주영락마니주영락여의주영락 변어구방중보향로소

眞珠瓔珞摩尼珠瓔珞如意珠瓔珞 遍於九方衆寶香爐燒

무가향 자연주지공양대회 일일불상 유제보살집지번

無價香 自然周至供養大會 一一佛上 有諸菩薩執持幡

개 차제이상지우범천 시제보살이묘음성가무량송찬탄

蓋 次第而上至于梵天 是諸菩薩以妙音聲歌無量頌讚歎

제불 이시미륵보살종좌이기 편단우견합장향불 이설

諸佛 爾時彌勒菩薩從座而起 偏袒右肩合掌向佛 而說

게언

偈言

불설희유법 석소미증문 세존유대력 수명불가량

佛說希有法 昔所未曾聞 世尊有大力 壽命不可量

무수제불자 문세존분별 설득법리자 환희충변신
無數諸佛子 聞世尊分別 説得法利者 歡喜充遍身

혹주불퇴지 혹득다라니 혹무애요설 만억선총지
或住不退地 或得陀羅尼 或無礙樂説 萬億旋總持

혹유대천계 미진수보살 각각개능전 불퇴지법륜
或有大千界 微塵數菩薩 各各皆能轉 不退之法輪

부유중천계 미진수보살 각각개능전 청정지법륜
復有中千界 微塵數菩薩 各各皆能轉 清淨之法輪

부유소천계 미진수보살 여각팔생재 당득성불도
復有小千界 微塵數菩薩 餘各八生在 當得成佛道

부유사삼이 여차사천하 미진제보살 수수생성불
復有四三二 如此四天下 微塵諸菩薩 隨數生成佛

혹일사천하 미진수보살 여유일생재 당성일체지
或一四天下 微塵數菩薩 餘有一生在 當成一切智

여시등중생 문불수장원 득무량무루 청정지과보
如是等衆生 聞佛壽長遠 得無量無漏 清淨之果報

부유팔세계 미진수중생 문불설수명 개발무상심
復有八世界 微塵數衆生 聞佛説壽命 皆發無上心

세존설무량 불가사의법 다유소요익 여허공무변
世尊説無量 不可思議法 多有所饒益 如虛空無邊

우천만다라 마하만다라 석범여항사 무수불토래
雨天曼陀羅 摩訶曼陀羅 釋梵如恒沙 無數佛土來

우전단침수 빈분이난추 여조비공하 공산어제불
雨栴檀沈水 繽紛而亂墜 如鳥飛空下 供散於諸佛

천고허공중 자연출묘성 천의천만종 선전이내하
天鼓虛空中 自然出妙聲 天衣千萬種 旋轉而來下

중보묘향로 소무가지향 자연실주변 공양제세존
衆寶妙香爐 燒無價之香 自然悉周遍 供養諸世尊

기대보살중 집칠보번개 고묘만억종 차제지범천
其大菩薩衆 執七寶幡蓋 高妙萬億種 次第至梵天

일일제불전 보당현승번 역이천만게 가영제여래
一一諸佛前 寶幢懸勝幡 亦以千萬偈 歌詠諸如來

여시종종사 석소미증유 문불수무량 일체개환희
如是種種事 昔所未曾有 聞佛壽無量 一切皆歡喜

불명문시방 광요익중생 일체구선근 이조무상심
佛名聞十方 廣饒益衆生 一切具善根 以助無上心

이시불고미륵보살마하살 아일다 기유중생 문불수명
爾時佛告彌勒菩薩摩訶薩 阿逸多 其有衆生 聞佛壽命

장원여시 내지능생일념신해 소득공덕무유한량 약유
長遠如是 乃至能生一念信解 所得功德無有限量 若有

선남자선여인 위아뇩다라삼먁삼보리고 어팔십만억나
善男子善女人 爲阿耨多羅三藐三菩提故 於八十萬億那

유타겁 행오바라밀 단바라밀시라바라밀 찬제바라밀
由他劫 行五波羅蜜 檀波羅蜜尸羅波羅蜜 羼提波羅蜜

비리야바라밀 선바라밀 세반야바라밀 이시공덕비전
毘梨耶波羅蜜 禪波羅蜜 除般若波羅蜜 以是功德比前

공덕 백분천분백천만억분불급기일 내지산수비유소불
功德 百分千分百千萬億分不及其一 乃至算數譬喩所不

능지 약선남자선여인 유여시공덕 어아뇩다라삼먁삼
能知 若善男子善女人 有如是功德 於阿耨多羅三藐三

보리퇴자 무유시처 이시세존욕중선차의 이설게언
菩提退者 無有是處 爾時世尊欲重宣此義 而說偈言

약인구불혜 어팔십만억 나유타겁수 행오바라밀
若人求佛慧 於八十萬億 那由他劫數 行五波羅蜜

어시제겁중 보시공양불 급연각제자 병제보살중
於是諸劫中 布施供養佛 及緣覺弟子 并諸菩薩衆

진이지음식 상복여와구 전단립정사 이원림장엄
珍異之飮食 上服與臥具 栴檀立精舍 以園林莊嚴

여시등보시 종종개미묘 진차제겁수 이회향불도
如是等布施 種種皆微妙 盡此諸劫數 以迴向佛道

약부지금계 청정무결루 구어무상도 제불지소탄
若復持禁戒 清淨無缺漏 求於無上道 諸佛之所歎

약부행인욕 주어조유지 설중악내가 기심불경동
若復行忍辱 住於調柔地 設衆惡來加 其心不傾動

제유득법자 회어증상만 위차소경뇌 여시역능인
諸有得法者 懷於增上慢 爲此所輕惱 如是亦能忍

약부근정진 지념상견고 어무량억겁 일심불해식
若復懃精進 志念常堅固 於無量億劫 一心不懈息

우어무수겁 주어공한처 약좌약경행 제수상섭심
又於無數劫 住於空閑處 若坐若經行 除睡常攝心

이시인연고 능생제선정 팔십억만겁 안주심불난
以是因緣故 能生諸禪定 八十億萬劫 安住心不亂

지차일심복 원구무상도 아득일체지 진제선정제
持此一心福 願求無上道 我得一切智 盡諸禪定際

시인어백천 만억겁수중 행차제공덕 여상지소설
是人於百千 萬億劫數中 行此諸功德 如上之所説

유선남녀등 문아설수명 내지일념신 기복과어피
有善男女等 聞我説壽命 乃至一念信 其福過於彼

약인실무유 일체제의회 심심수유신 기복위여차
若人悉無有 一切諸疑悔 深心須臾信 其福爲如此

기유제보살 무량겁행도 문아설수명 시즉능신수
其有諸菩薩 無量劫行道 聞我説壽命 是則能信受

여시제인등 정수차경전 원아어미래 장수도중생
如是諸人等 頂受此經典 願我於未來 長壽度衆生

여금일세존 제석중지왕 도량사자후 설법무소외
如今日世尊 諸釋中之王 道場師子吼 説法無所畏

아등미래세 일체소존경 좌어도량시 설수역여시
我等未來世 一切所尊敬 坐於道場時 説壽亦如是

약유심심자 청정이질직 다문능총지 수의해불어
若有深心者 清淨而質直 多聞能總持 隨義解佛語

여시제인등 어차무유의
如是諸人等 於此無有疑

원문

2강 - 한문 경문

우아일다 약유문불수명장원해기언취 시인소득공덕무
又阿逸多 若有聞佛壽命長遠解其言趣 是人所得功德無

유한량 능기여래무상지혜 하황광문시경 약교인문
有限量 能起如來無上之慧 何況廣聞是經 若教人聞

약자지약교인지 약자서약교인서 약이화향영락당번증
若自持若教人持 若自書若教人書 若以華香瓔珞幢幡繒

개향유소등공양경권 시인공덕 무량무변 능생일체종
蓋香油蘇燈供養經卷 是人功德 無量無邊 能生一切種

지
智

아일다 약선남자선여인 문아설수명장원심심신해 즉
阿逸多 若善男子善女人 聞我説壽命長遠深心信解 則

위견불상재기사굴산 공대보살제성문중위요설법 우견
爲見佛常在耆闍崛山 共大菩薩諸聲聞衆圍繞説法 又見

차사바세계 기지유리탄연평정 염부단금이계팔도보수
此娑婆世界 其地琉璃坦然平正 閻浮檀金以界八道寶樹

항렬 제대누관개실보성 기보살중함처기중 약유능여
行列 諸臺樓觀皆悉寶成 其菩薩衆咸處其中 若有能如

시관자 당지시위심신해상 우부여래멸후약문시경 이
是觀者 當知是爲深信解相 又復如來滅後若聞是經 而

불훼자기수희심 당지이위심신해상 하황독송수지지자
不毀呰起隨喜心 當知已爲深信解相 何況讀誦受持之者

사 인 즉 위 정 대 여 래
斯人則爲頂戴如來

아 일 다　시 선 남 자 선 여 인　불 수 위 아 부 기 탑 사 급 작 승 방 이
阿逸多　是善男子善女人　不須爲我復起塔寺及作僧坊以

사 사 공 양 중 승　소 이 자 하　시 선 남 자 선 여 인　수 지 독 송 시
四事供養衆僧　所以者何　是善男子善女人　受持讀誦是

경 전 자　위 이 기 탑 조 립 승 방 공 양 중 승　즉 위 이 불 사 리 기 칠
經典者　爲已起塔造立僧坊供養衆僧　則爲以佛舍利起七

보 탑 고 광 점 소 지 우 범 천　현 제 번 개 급 중 보 령　화 향 영 락 말
寶塔高廣漸小至于梵天　懸諸幡蓋及衆寶鈴　華香瓔珞末

향 도 향 소 향　중 고 기 악 소 적 공 후 종 종 무 희　이 묘 음 성 가 패
香塗香燒香　衆鼓伎樂簫笛箜篌種種舞戱　以妙音聲歌唄

찬 송　즉 위 어 무 량 천 만 억 겁 작 시 공 양 이 아 일 다　약 아 멸 후
讚頌　則爲於無量千萬億劫作是供養已阿逸多　若我滅後

문 시 경 전　유 능 수 지 약 자 서 약 교 인 서　즉 위 기 립 승 방　이
聞是經典　有能受持若自書若敎人書　則爲起立僧坊　以

적 전 단 작 제 전 당 삼 십 유 이　고 팔 다 라 수 고 광 엄 호　백 천 비
赤栴檀作諸殿堂三十有二　高八多羅樹高廣嚴好　百千比

구 어 기 중 지　원 림 욕 지 경 행 선 굴　의 복 음 식 상 욕 탕 약　일
丘於其中止　園林浴池經行禪窟　衣服飮食床褥湯藥　一

체 낙 구 충 만 기 중　여 시 승 방 당 각 약 간　백 천 만 억 기 수 무 량
切樂具充滿其中　如是僧坊堂閣若干　百千萬億其數無量

이 차 현 전 공 양 어 아 급 비 구 승
以此現前供養於我及比丘僧

시 고 아 설 여 래 멸 후　약 유 수 지 독 송 위 타 인 설　약 자 서 약 교
是故我說如來滅後　若有受持讀誦爲他人說　若自書若敎

인 서 공 양 경 권　불 수 부 기 탑 사 급 조 승 방 공 양 중 승　황 부 유
人書供養經卷　不須復起塔寺及造僧坊供養衆僧　況復有

인 능 지 시 경　겸 행 보 시 지 계 인 욕 정 진 일 심 지 혜　기 덕 최 승
人能持是經　兼行布施持戒忍辱精進一心智慧　其德最勝

무 량 무 변　비 여 허 공 동 서 남 북 사 유 상 하 무 량 무 변　시 인 공
無量無邊　譬如虛空東西南北四維上下無量無邊　是人功

덕 역 부 여 시 무 량 무 변 질 지 일 체 종 지 약 인 독 송 수 지 시 경
德亦復如是無量無邊 疾至一切種智 若人讀誦受持是經

위 타 인 설 약 자 서 약 교 인 서 부 능 기 탑 급 조 승 방 공 양 찬
爲他人說 若自書若敎人書 復能起塔及造僧坊 供養讚

탄 성 문 중 승 역 이 백 천 만 억 찬 탄 지 법 찬 탄 보 살 공 덕
歎聲聞衆僧 亦以百千萬億讚歎之法 讚歎菩薩功德

우 위 타 인 종 종 인 연 수 의 해 설 차 법 화 경 부 능 청 정 지 계 여
又爲他人種種因緣隨義解說此法華經 復能淸淨持戒與

유 화 자 이 공 동 지 인 욕 무 진 지 념 견 고 상 귀 좌 선 득 제 심 정
柔和者而共同止 忍辱無瞋志念堅固 常貴坐禪得諸深定

정 진 용 맹 섭 제 선 법 이 근 지 혜 선 답 문 난 아 일 다 약 아 멸
精進勇猛攝諸善法 利根智慧善答問難 阿逸多 若我滅

후 제 선 남 자 선 여 인 수 지 독 송 시 경 전 자 부 유 여 시 제 선
後 諸善男子善女人 受持讀誦是經典者 復有如是諸善

공 덕 당 지 시 인 이 취 도 량 근 아 뇩 다 라 삼 막 삼 보 리 좌 도 수
功德 當知是人已趣道場 近阿耨多羅三藐三菩提坐道樹

하 아 일 다 시 선 남 자 선 여 인 약 좌 약 립 약 행 처 차 중 변 응
下 阿逸多 是善男子善女人 若坐若立若行處此中便應

기 탑 일 체 천 인 개 응 공 양 여 불 지 탑
起塔 一切天人皆應供養如佛之塔

이 시 세 존 욕 중 선 차 의 이 설 게 언
爾時世尊欲重宣此義 而說偈言

약 아 멸 도 후 능 봉 지 차 경 사 인 복 무 량 여 상 지 소 설
若我滅度後 能奉持此經 斯人福無量 如上之所說

시 즉 위 구 족 일 체 제 공 양 이 사 리 기 탑 칠 보 이 장 엄
是則爲具足 一切諸供養 以舍利起塔 七寶而莊嚴

표 찰 심 고 광 점 소 지 범 천 보 령 천 만 억 풍 동 출 묘 음
表刹甚高廣 漸小至梵天 寶鈴千萬億 風動出妙音

우 어 무 량 겁 이 공 양 차 탑 화 향 제 영 락 천 의 중 기 악
又於無量劫 而供養此塔 華香諸瓔珞 天衣衆伎樂

연향유소등 주잡상조명 악세법말시 능지시경자
燃香油酥燈 周匝常照明 惡世法末時 能持是經者

즉위이여상 구족제공양 약능지차경 즉여불현재
則爲已如上 具足諸供養 若能持此經 則如佛現在

이우두전단 기승방공양 당유삼십이 고팔다라수
以牛頭栴檀 起僧坊供養 堂有三十二 高八多羅樹

상찬묘의복 상와개구족 백천중주처 원림제욕지
上饌妙衣服 床臥皆具足 百千衆住處 園林諸浴池

경행급선굴 종종개엄호 약유신해심 수지독송서
經行及禪窟 種種皆嚴好 若有信解心 受持讀誦書

약부교인서 급공양경권 산화향말향 이수만첨복
若復敎人書 及供養經卷 散華香末香 以須曼瞻蔔

아제목다가 훈유상연지 여시공양자 득무량공덕
阿提目多伽 薰油常燃之 如是供養者 得無量功德

여허공무변 기복역여시 황부지차경 겸보시지계
如虛空無邊 其福亦如是 況復持此經 兼布施持戒

인욕낙선정 부진불악구 공경어탑묘 겸하제비구
忍辱樂禪定 不瞋不惡口 恭敬於塔廟 謙下諸比丘

원리자고심 상사유지혜 유문난부진 수순위해설
遠離自高心 常思惟智慧 有問難不瞋 隨順爲解說

약능행시행 공덕불가량 약견차법사 성취여시덕
若能行是行 功德不可量 若見此法師 成就如是德

응이천화산 천의부기신 두면접족례 생심여불상
應以天華散 天衣覆其身 頭面接足禮 生心如佛想

우응작시념 불구예도수 득무루무위 광리제인천
又應作是念 不久詣道樹 得無漏無爲 廣利諸人天

기소주지처 경행약좌와 내지설일게 시중응기탑
其所住止處 經行若坐臥 乃至說一偈 是中應起塔

장엄영묘호 종종이공양 불자주차지 즉시불수용
莊嚴令妙好 種種以供養 佛子住此地 則是佛受用

상재어기중 경행급좌와
常在於其中 經行及坐臥

해석

1강 - 한글 경문

이 때 법회에 모인 대중들 부처님의 수명 겁수가 너무나 길어서 무량 무변하다는 설법을 듣고, 아승지 중생들 큰 이익을 얻었느니라. 이 때 세존께서 미륵보살에게 이르시되, 아일다(미륵)여! 내가 여래 수명 길다는 것을 설할 때 6백 8십 만억 나유타 항하사 중생들 무생법인을 얻었고, 다시 이보다 천배가 많은 보살들 있어 문지다라니문을 얻었으며, 다시 한 세계의 미진수 보살마하살 있어 요설무애변재를 얻었느니라. 다시 일세계 미진수 보살마하살 있어 백천만억 무량 선다라니 얻었고, 다시 삼천대천세계 미진수 보살마하살 있어 불퇴전의 법륜을 굴릴 수 있으며, 다시 2천 중국토 미진수 보살마하살 있어 청정법륜을 굴리며, 다시 소천국토 미진수 보살마하살 있어 8생만에 깨달음 얻고, 또 네 곳의 사천하 미진수 보살마하살 있어 4생에 깨달음을 얻으며, 다시 세 곳의 사천하 미진수 보살마하살 있어 3생만에 깨달음을 얻으며, 다시 두 곳의 사천하 미진수 보살마하살 있어 2생에 깨달음 얻으며, 다시 한 곳의 사천하 미진수 보살마하살 있어 한 생만에 깨달음을 얻었고, 다시 8세계 미진수 중생들 있어 모두 깨달음의 마음을 내었느니라.

부처님께서 이 모든 보살마하살 큰 법리(法利) 얻었다고 설할 때, 허공에서 만다라화와 마하만다라화 비 오듯 내렸느니라.

무량백천만억 여러 보배 나무 아래 사자좌에 계신 모든 부처님께 꽃비가 내렸으며, 또한 칠보탑 속 사자좌에 계신 석가모니불과 멸도하신지 오래 되신 다보여래께도 꽃비가 내렸으며, 또한 일체제대보살과 사부대중들에게도 꽃비가 내렸느니라.

또한 가는 가루전단과 침수향 등이 비처럼 내렸고, 허공에서는 하늘 북이 저절로 울리니 아름다운 소리 깊고 멀리 울렸고, 또한 천가지 하늘옷 비오듯 내리며, 또한 진주영락, 마니주영락, 여의주영락 등이 드리워져 9방을 가득채우며, 여러 보배 향로에서는 진귀한 향이 피워져 자연히 두루 퍼져 법회 대중들 공양하느니라.

한 분 한 분의 부처님 위에는 보살들이 당번과 일산을 들고 차례로 올라가 범천까지 이르며, 이 보살들 아름다운 음성의 무량한 게송으로 제불을 찬탄하느니라.

그 때 미륵보살이 자리에서 일어나 오른쪽 어깨를 드러내고 합장하고 부처님을 향해서 게송을 읊었다.

부처님께서 희유법 설하시니 일찍이 듣지
못하던 바라, 세존은 큰 힘 있고 수명은 한량
없으며, 무수한 불자들 세존께서 분별하여

법의 이익 얻은 사람들 설법하심을 듣고는
환희심으로 그 몸이 충만하옵니다.

어떤 이는 불퇴지에 머물며, 어떤 이는 다라니
얻고, 혹은 무애요설, 만억가지 선총지 얻으며
혹은 대천세계 미진수 보살 있어 각기 모두 불퇴의
법륜을 굴리며, 다시 중천세계 미진수 보살들
있어 각기 모두 청정한 법륜을 굴리며, 다시
소천세계 미진수 보살들 있어 나머지 8생에
불도를 이루게 되며, 또한 4, 3, 2 이같은 사천하
미진수 보살들, 수따라 태어나 성불하게 되나이다.

혹은 하나의 사천하 미진수 보살들 남은 일생에
일체의 지혜 이루며, 이같은 중생들 불수의
장원함을 듣고 무량무루 청정한 과보를 얻게
되며, 다시 8세계 미진수 중생들 있어 부처님의
수명 장구함 설법 듣고 모두 무상의 발심을
하나이다.

세존께서 무량불가사의 법 설하시니, 이익됨이
마치 허공이 무변하듯이 많으며, 하늘에서 만다라화

마하만다라화 비 오듯 내리며, 제석천과 범천왕
항하사와 같이 많아 무수한 불토에서 와서 천단과
침수 비처럼 내리되 무수히 뿌려져 떨어지는 것이
마치 새가 허공을 날아 내려 오듯이 제불께 뿌려
공양 올리며, 천고 허공에서 자연히 아름다운 소리
내며 천의가 천만 종인데 돌면서 내려오나이다.

온갖 보배 향로에 진귀한 향 불사르며 저절로
모두 두루 퍼져서 모든 세존께 공양 올리며
그 대보살들 칠보 당번과 일산 높고 묘하여
만억 종류 잡고, 차례로 범천에 이르며, 한 분
한 분의 부처님 앞에 보배 당간에 번을 매달고
또한 천만 게송으로 모든 여래 찬탄하나이다.

이 같은 온갖 일들 일찍이 듣지 못한 일이라
불수 무량함을 듣고 일체가 모두 기뻐하나니
부처님 명성 시방에 두루 들려 중생들 널리 이익
주며, 모두 선근을 갖추어 무상심을 돕나이다.

이 때 부처님께서 미륵보살마하살에게 말씀하시되, 아일다여 저 중생들 불수명 장원함을 듣고 이와 같이 잠시 동안이라도 믿고 이해한다면 얻는 공덕이 한량없느니라.

만약 선남자 선여인 있어 깨달음 위해서 80만억 나유타겁 동안 보시바라밀, 지계바라밀, 인욕바라밀, 정진바라밀, 선정바라밀 등 5바라밀을 행하되, 지혜바라밀은 제외하고 이 공덕 앞의 공덕에 비하면 백분의 일, 천분의 일, 백천만억분의 일에도 미치지 못하며, 산수나 비유로 알 수가 없느니라. 만약 선남자 선여인 이러한 공덕이 있다면 깨달음에서 물러나는 사람들 있을 수 없느니라. 그 때 세존께서 그 뜻을 거듭 밝히시려고 게송을 설하셨다.

만약 사람들 불지혜를 구하여 80만억 나유타겁
5바라밀을 행하여 이 여러 겁 동안에
부처님과 연각제자 모든 보살들에게 보시와 공양
올리되 진기한 음식과 좋은 옷과 침구 등 전단으로
정사를 세우고 원림으로 장엄하며 이와 같이 보시
하되 온갖 것들 모두 미묘하며, 이 여러 겁수
다하도록 불도에 회향하느니라.

다시 계를 지켜 청정하여 결점 없으며
무상도 구해 제불의 칭찬을 받으며, 다시
인욕을 행하여 조화롭고 부드러운 경지에
머물게 되며 여러 악이 닥쳐도 그 마음

흔들리지 않으며, 여러 사람들 법을 얻었다지만
증상만심 품은 이 사람들에게 멸시를
당해도 이 같은 것들 또한 능히 참느니라.

다시 부지런히 정진하여 뜻과 생각 항상 견고
하며 무량억겁 동안 일심으로 게으름 피우지
않으며, 또 무수겁 동안 공한처에 살면서
앉거나 걷거나 잠잘 때를 제외하고 항상
마음을 잘 다루며 이 인연 때문에 여러 선정에
들어가 80억만겁 안주하여 마음 혼란하지
않으며, 이 선정의 복을 지녀 무상도 구하기
발원하되 '내가 일체지 얻는다면 선정의 끝
다하리다' 하였느니라.

이 사람들 백천만억 겁수 동안 이 모든 공덕
행하여 위에서 설한 바와 같다 할지라도, 선남자
선여인들 있어 내 수명 무량함 듣고 잠시라도
믿는다면 그 복은 저보다 더 많느니라.
사람들 모두 일체의 의심과 후회가 없이 마음속
깊이 잠시라도 믿는다면 그 복은 이와
같느니라. 그 보살들 무량겁 동안 불도를 행하여

내가 불수명 설하는 것 듣고 그것을 곧 믿고
지니는 사람들은 이 경전 머리에 이고 받들게
되리라.

발원하기를 '나도 미래에 장수하며 중생들 제도하되
지금 석가족의 왕인 세존처럼 하며, 도량에서
사자후를 하여 설법하되 두려움 없으며 저희들
미래세에 일체 대중에게 존경받고 도량에 좌선할
때 불수명 설하되 이와 같게 하소서!'
만약 깊은 마음을 지녀 청정하고 정직하며
부처님의 법을 많이 듣고 다라니 지니며 뜻에
따라 부처님 말씀 이해하면 이런 사람들 이것에
대하여 어떠한 의심도 없으리라.

해석

2강 - 한글 경문

또한 아일다여 만약 불수명 장원함을 듣고, 그 말의 뜻을 이해한다면 이 사람의 공덕 한량없으며 능히 여래의 지혜를 일으키느니라. 하물며 이 경을 두루 듣고 다른 사람에게 권하여 듣게 하거나 스스로 지니거나 다른 사람에게 지니게 하거나 스스로 쓰거나 다른 사람에게 쓰게 하거나 또한 화향 · 영락 · 당번 · 증개 · 향유로 된 소등으로 경전에 공양한다면 이 사람의 공덕 무량 무변하여 능히 궁극의 깨달음 얻게 되리라.

아일다여 만약 선남자 선여인이 불수명 장원함을 듣고 마음속 깊이 믿고 이해한다면 곧 부처님께서 항상 기사굴산에 머물면서 대보살과 성문들에게 둘러 싸여 설법하는 것을 친견할 것이며, 또한 이 사바세계 그 땅이 유리로 되어 평탄하고 염부단금(최고의 황금)으로 여덟 갈래 경계 만들고, 보배 나무 줄지어 서 있으며 여러 누각과 전망대 모두 보배로 이루어져 있는 것을 관찰하며 그 보살대중 함께 그 속에 머무르며 만약 이와 같이 관찰하는 사람 있으면 이는 깊게 믿고 이해하고 있는 모습임을 마땅히 알아야 하느니라.

또한 여래 멸후에 만약 이 경전을 듣고 헐뜯지 않고 수희심을 낸다면 마땅히 알라 깊게 믿고 이해하는 모습임을. 하물며 독송하고 수지하는 사람들이겠는가! 그 사람들 여래가 머리에 이고 있는 것과 같음이라.

이 선남자 선여인은 나를 위해서 다시 탑사를 세우거나 승방을 지어서 네 가지 물건으로 스님들께 공양할 필요가 없느니라. 왜냐하면 이 선남자 선여인 이 경전 수지 독송하는 사람들 이미 탑을 세우고 승방을 짓고 스님들께 공양을 올린 것이니라.

곧 불사리로 칠보탑을 세워 높고 넓은데 점차 작아져 범천에 이르게 되느니라.

여러 당번과 일산과 보배 방울 매달려 있고, 꽃 향 영락 말향 도향 소향 여러 기악 피리 공후 온갖 무희 아름다운 음성으로 노래하고 찬탄하며 곧 무량 천만억겁 동안 이런 공양을 올려 마쳤느니라.

아일다여, 만약 내 멸도 후에 이 경전 듣고 수지하거나 스스로 사경하거나 남에게 사경하게 한다면 하면 곧 승방을 세운 것이 되며, 적전단으로 전당을 세우되 32전당 있으며, 높이 8다라수이며 넓고 아름다우며 백천 비구들 그 속에 살며 원림 욕지 경행처 참선하는 토굴 · 의복 · 음식 · 침상 · 이불 · 탕약 · 일체의 좋은 것들 그 속에 충만하며, 이 같은 승방 당각 많아 백천만억으로 그 수 무량하며, 이것들 가지고 바로 눈앞에서 여래와 비구들에게 공양 올리느니라.

이런 까닭에 내가 설하기를 여래 멸후 만약 수지 독송하고 타인에게 설법하는 사람이나 스스로 쓰거나 타인에게 쓰게 하여 경전 공양한다면 다시 탑이나 절을 짓거나 승방을 만들 필요가 없느니라. 하물며 어떤 사람이 이 경전 수지하며 동시에 보시 · 지계 · 인욕 · 정진 · 일심(선정) · 지혜 등 6바라밀을 행하는 것이겠는가! 그 공덕 최고로 뛰어나 무량 무변하느니라.

비유하자면 마치 허공 동서남북 사유 상하 무량 무변하니, 이 사람들 공덕도 또한 이와 같아서 무량 무변하여 곧 일체종지에 이르게 되느니라.

사람들 이 경전을 독송 수지하며 타인들 위해서 설하며, 스스로 사경하거나 남에게 사경하도록 하며, 다시 탑과 승방 세우고 성문승들 공양 찬탄하되 백천만억 찬탄법으로 보살의 공덕을 설하느니라.

또한 타인 위해서 여러 가지 인연으로 이치에 맞게 이 법화경 해설하며 다시 청정히 계를 지키며, 유화자와 더불어 함께 살며, 인욕하여 화내지 않으며, 뜻이 견고하고, 항상 참선 귀하게 생각하고, 모든 선정을 얻으며, 용맹하게 정진하여 모든 선법을 얻으며, 현명한 지혜의 힘이 있어 어려운 질문에 대답 잘하리라. 아일다여 만약 내 멸도 후에 선남자 선여인이 이 경전 수지 독송하는 사람들 다시 이와 같은 좋은 공덕이 있다면 마땅히 알라. 이 사람 이미 도량에 나아가 아뇩다라삼막삼보리(깨달음)에 가까이 가서 보리수 아래에 좌선함이라. 아일다여 이 선남자 선여인이 앉거나 서거나 걸어가는 곳. 이곳에 곧 탑을 세워야 하느니라. 일체 천인들이 모두 공양하되 마치 불탑처럼 해야 되느니라. 그 때 세존께서 그 뜻 거듭 밝히시려고 게송을 설하셨다.

만약 내 멸도 후에 이 경전 받들어 지니는
사람 있다면 그 사람 복이 무량하여 위에서
설한 바와 같으니, 이것은 곧 모든 공양을
갖춘 것이 되며, 사리로 탑을 일으키며
칠보로 장엄하느니라.

표찰 매우 높고 넓되 점차 작아져 범천에
이르며 보배 방울이 천만억 개로 바람따라
아름다운 소리가 나며 또한 무량겁 동안에
이 탑 공양하되 꽃 향 영락 하늘나라 옷
온갖 음악 향유 소등 태워 주위를 항상
밝히며, 악세 말법 시대에 이 경 지니는
사람은 곧 위에서 말한 것처럼 모든 공양
구족하느니라.

만약 이 경전 수지한다면 곧 부처님 재세시에
우두전단으로 승방 일으켜 공양하되 전당이
32개 있으며 높이 8다라수요 좋은 음식 아름다운

옷 침구 모두 구족하고 백천 대중들 사는 곳으로
원림 욕지 경행처 선굴 등 온갖 것들 모두 장엄함
과 같느니라.

신해심 있어 수지 독송 사경하거나 다른 사람
사경하게 하거나 향화 말향 뿌리며 수만과 첨복과
아제목다가의 향기 나는 기름 그것을 태워 항상
이와 같이 공양하는 사람들 무량한 공덕을
얻으리니 저 허공이 무변하듯이 그 복 또한
이와 같느니라.

하물며 다시 이 경 수지하고 겸해서 보시 지계
인욕 선정 즐기며, 화내거나 악담 하지 않으며
탑을 공경하며 비구들에게 겸손하며 자만심 멀리
여의고 항상 지혜 생각하고, 괴롭히기 위해서 질문해도
화내지 않으며 수순하여 해석하며 능히 이런
수행을 행한다면 공덕 한량 없느니라.

만약 이 법사 친견하여 이러한 공덕을 성취한다면
하늘의 꽃 뿌리며 하늘의 옷으로 그 몸을 덮고
이마 발에 대고 예를 올리되 마음에 부처님을

생각하듯이 해야 하느니라.

또한 이런 생각을 하되, '오래지 않아 보리수에 나아가 무루 무위법 얻어 두루 인천에 이익을 주리라.' 그 머무는 곳이나 경행하거나 앉거나 눕는 곳 그리고 한 게송이라도 설하는 곳에 탑을 세우되 장엄하고 훌륭하게 여러 가지로 공양하라. 이러한 불자 머무는 곳이 곧 부처님 계신 곳이니, 부처님도 함께 항상 그 속에 머무르며 걷고 앉고 눕게 되리라.

강의 1강

여래수량품에서 부처님의 수명이 장구함을 설하자 모인 무수한 대중들이 모두 그 설법을 듣고 큰 이익을 얻게 된다. 모인 대중들 저마다 얻은 공덕에 차이가 있었기 때문에 그 차이를 자세히 밝혀 준다고 하여 분별공덕품이라는 이름을 얻게 된 것이다.

세존께서 미륵보살에게 불수명의 장구함을 듣고 무수한 대중들 큰 이익을 얻었는데, 무생법인을 얻은 대중들, 문지다라니문을 얻은 사람들, 요설무애변재를 얻은 보살들, 선다라니를 얻은 사람들, 불퇴법륜과 청정법륜을 굴리는 대중들 그리고 8생에서 일생까지 깨달음을 얻는 중생들을 설한다. 이들은 모두 무수한 큰 법의 이익을 얻게 된다. 그리고 잠시 동안 믿고 이해하는 일념신해(一念信解)의 무량한 공덕에 대해서도 설한다. 그리고 게송에서는 앞의 내용을 다시 한 번 설하는데, 특히 보시에 대한 내용이 강조된다. 무수한 겁 동안 온갖 진기한 음식과 옷과 침구와 사찰을 보시하되 무수한 겁이 다하도록 하여 그 공덕을 불도에 모두 회향한다는 내용이다. 그리고 온갖 악행들이 가해져도 인욕행을 하기에 그 마음 조금도 흔들리지 않는다.

강의 2강

부처님께서 세상에 계실 때 법화경을 수지하는 공덕을 네 가지 믿음(四信)의 관점에서 설하고 있다. 그리고 불멸 후에 법화경을 수지하는 공덕에 대해서는 다섯 가지 품(五品)으로 설명하고 있다. 여기서는 사신 중에서 첫째 일념신해를 제외하고, 나머지 사신과 오품의 모든 내용들이 나온다.

사신(四信)

첫째는 일념신해(一念信解)이다. 불수명의 장원함을 듣고 잠시라도 신해한다면 그 공덕이 무량하다고 설한다.

둘째는 약해언취(略解言趣)이다. 그 말씀의 요지를 이해한다면 여래의 지혜를 얻는데 도움이 되고 그 공덕이 무량함을 밝히고 있다.

셋째는 광위타설(廣爲他說)이다. 경전을 수지하고 남을 위해서 설하면 깨달음을 성취할 수 있는 공덕이 생긴다.

넷째는 심신관성(深信觀成)이다. 이를 깊이 믿으면 석존께서 영취산에서 설법하심과 사바세계가 곧 정토임을 보게 되는 공덕이 생긴다는 것이다.

오품(五品)

첫째는 수희품(隨喜品)이다. 불멸 후에 법화경을 듣고 함께 기뻐한다면 그는 깊이 믿고 이해하는 모습을 보여서 그 공덕이 한량없다.

둘째는 독송품(讀誦品)이다. 불멸 후에 법화경을 듣고 독송한다면 여래가 머리에 이고 다니는 것과 같은 공덕이 생긴다.

셋째는 설법품(說法品)이다. 불멸 후에 설법을 하게 되면 탑을 세우거나 승방을 짓는 것과 같은 공덕이 생기는 것이다.

넷째는 겸행육도품(兼行六度品)이다. 불멸 후에 법화경을 수지하면서 겸해서 6바라밀행을 닦으면 깨달음을 얻게 된다는 것이다.

다섯째는 정행육도품(正行六度品)이다. 자행화타(自行化他)를 말하는데, 스스로 법화경을 수지 독송하고 남을 위해서도 연설해야 한다. 그리고 6바라밀행도 실천하는 것을 말하는데, 그 공덕은 부처님의 경지에 접근한 것이므로 이 사람 있는 곳에 탑을 세워 부처님을 공양하듯이 해야한다.

분별공덕품에서는 사신과 오품을 설하는데, 그것은 불교의 믿음과 실천을 강조한 것이다.

제18 수희공덕품

범어로 Anumodanā puṇya nirdeśa parivartaḥ인데 Anumodanā는 따라서 기뻐하다는 뜻의 수희(隨喜)로, puṇya는 공덕으로, nirdeśa는 설법을 뜻한다. 곧 따라서 기뻐한 공덕을 설하는 품으로 수희공덕품이 된다.

미륵보살이 부처님께 묻기를 법화경의 여래 수명이 한량없다는 가르침을 듣고 기뻐한 공덕(隨喜功德)이 얼마나 되는 것입니까 하니 세존께서 말씀하시되 이들이 처음 듣고 기뻐하면서 50명에게 차례로 전해서 마지막 사람의 수희 공덕도 가히 상상할 수 없을 만큼 많다고 설하신다. 마치 어떤 사람이 평생 동안 시주를 하고 사람들에게 아라한과를 얻게 해주는 공덕이 한량없지만 50번째 사람이 법화경 게송 하나를 듣고 수희한 공덕에 비하면 백분의 일, 천분의 일, 아니 백천만억분의 일에도 미치지 못하는 것이라 설하신다.

원문

1강 – 한문 경문

이시미륵보살마하살백불언 세존 약유선남자선여인
爾時彌勒菩薩摩訶薩白佛言 世尊 若有善男子善女人

문시법화경수희자 득기소복 이설게언 세존멸도후
聞是法華經隨喜者 得幾所福 而說偈言 世尊滅度後

기유문시경 약능수희자 위득기소복 이시불고미륵보
其有聞是經 若能隨喜者 爲得幾所福 爾時佛告彌勒菩

살마하살 아일다 여래멸후 약비구비구니우바새우바
薩摩訶薩 阿逸多 如來滅後 若比丘比丘尼優婆塞優婆

이 급여지자약장약유 문시경수희이 종법회출지어여
夷 及餘智者若長若幼 聞是經隨喜已 從法會出至於餘

처 약재승방약공한지 약성읍항맥취락전리 여기소문
處 若在僧坊若空閑地 若城邑巷陌聚落田里 如其所聞

위부모종친선우지식수력연설 시제인등문이수희부행
爲父母宗親善友知識隨力演說 是諸人等聞已隨喜復行

전교 여인문이역수희전교 여시전전지제오십 아일다
轉敎 餘人聞已亦隨喜轉敎 如是展轉至第五十 阿逸多

기제오십선남자선여인수희공덕 아금설지 여당선청
其第五十善男子善女人隨喜功德 我今說之 汝當善聽

약사백만억아승지세계육취사생중생난생태생습생화생
若四百萬億阿僧祇世界六趣四生衆生卵生胎生濕生化生

약유형무형 유상무상 비유상비무상 무족이족사족다
若有形無形 有想無想 非有想非無想 無足二足四足多

족 여시등재중생수자 유인구복 수기소욕오락지구개
足 如是等在衆生數者 有人求福 隨其所欲娛樂之具皆

급여지 일일중생여만염부제금은유리자거마노산호호
給與之　一一衆生與滿閻浮提金銀琉璃車磲馬腦珊瑚虎

박제묘진보급상마거승칠보소성궁전누각등시대시주
珀諸妙珍寶及象馬車乘七寶所成宮殿樓閣等是大施主

여시보시만팔십년이 이작시념 아이시중생오락지구
如是布施滿八十年已　而作是念　我已施衆生娛樂之具

수의소욕 연차중생개이쇠로년과팔십 발백면추장사불
隨意所欲　然此衆生皆已衰老年過八十　髮白面皺將死不

구 아당이불법이훈도지 즉집차중생 선포법화시교리
久　我當以佛法而訓導之　卽集此衆生　宣布法化示敎利

희 일시개득수다원도사다함도아나함도아라한도 진제
喜　一時皆得須陀洹道斯陀含道阿那含道阿羅漢道　盡諸

유루어심선정개득자재구팔해탈 어여의운하 시대시주
有漏於深禪定皆得自在具八解脫　於汝意云何　是大施主

소득공덕녕위다부
所得功德寧爲多不

미륵백불언 세존 시인공덕심다무량무변 약시시주
彌勒白佛言　世尊　是人功德甚多無量無邊　若是施主

단시중생일체낙구공덕무량 하황령득아라한과 불고미
但施衆生一切樂具功德無量　何況令得阿羅漢果　佛告彌

륵 아금분명어여 시인이일체낙구 시어사백만억아승
勒　我今分明語汝　是人以一切樂具　施於四百萬億阿僧

지세계육취중생 우영득아라한과 소득공덕 불여시제
祇世界六趣衆生　又令得阿羅漢果　所得功德　不如是第

오십인 문법화경일게수희공덕 백분천분백천만억분불
五十人　聞法華經一偈隨喜功德　百分千分百千萬億分不

급기일 내지산수비유소불능지
及其一　乃至算數譬喩所不能知

아일다 여시제오십인전전문법화경수희공덕 상무량무
阿逸多　如是第五十人展轉聞法華經隨喜功德　尙無量無

변아승지 하황최초어회중문이수희자 기복부승무량무
邊阿僧祇　何況最初於會中聞而隨喜者　其福復勝無量無

변아승지 불가득비 우아일다 약인위시경고 왕예승
邊阿僧祇 不可得比 又阿逸多 若人爲是經故 往詣僧

방약좌약립 수유청수 연시공덕전신소생 득호상묘상
坊若坐若立 須臾聽受 緣是功德轉身所生 得好上妙象

마거승진보련여급승천궁 약부유인 어강법처좌 갱유
馬車乘珍寶輦輿及乘天宮 若復有人 於講法處坐 更有

인내 권령좌청 약분좌령좌 시인공덕전신 득제석좌
人來 勸令坐聽 若分座令坐 是人功德轉身 得帝釋坐

처 약범왕좌처 약전륜성왕소좌지처 아일다 약부유
處 若梵王坐處 若轉輪聖王所坐之處 阿逸多 若復有

인어여인언 유경명법화가공왕청 즉수기교 내지수유
人語餘人言 有經名法華可共往聽 卽受其敎 乃至須臾

간문 시인공덕전신 득여다라니보살공생일처 이근지
間聞 是人功德轉身 得與陀羅尼菩薩共生一處 利根智

혜 백천만세종불음아 구기불취 설상무병 구역무병
慧 百千萬世終不瘖瘂 口氣不臭 舌常無病 口亦無病

치불구흑 불황불소 역불결락 불차불곡 순불하수 역
齒不垢黑 不黃不疏 亦不缺落 不差不曲 脣不下垂 亦

불건축 불추삽 불창진 역불결괴 역불와사 불후부
不褰縮 不麤澁 不瘡胗 亦不缺壞 亦不喎斜 不厚不

대 역불리흑 무제가오 비불편제 역불곡려 면색불
大 亦不黧黑 無諸可惡 鼻不匾㔸 亦不曲戾 面色不

흑 역불협장 역불와곡 무유일체불가희상 순설아치
黑 亦不狹長 亦不窊曲 無有一切不可喜相 脣舌牙齒

실개엄호 비수고직면모원만 미고이장액광평정 인상
悉皆嚴好 鼻修高直面貌圓滿 眉高而長額廣平正 人相

구족세세소생 견불문법신수교회 아일다 여차관시권
具足世世所生 見佛聞法信受敎誨 阿逸多 汝且觀是勸

어일인령왕청법공덕여차 하황일심청설독송 이어대중
於一人令往聽法功德如此 何況一心聽說讀誦 而於大衆

위인분별여설수행 이시세존욕중선차의 이설게언
爲人分別如說修行 爾時世尊欲重宣此義 而說偈言

원문

2강 – 한문 경문

약인어법회 득문시경전 내지어일게 수희위타설
若人於法會 得聞是經典 乃至於一偈 隨喜爲他說

여시전전교 지우제오십 최후인획복 금당분별지
如是展轉敎 至于第五十 最後人獲福 今當分別之

여유대시주 공급무량중 구만팔십세 수의지소욕
如有大施主 供給無量衆 具滿八十歲 隨意之所欲

견피쇠로상 발백이면추 치소형고갈 염기사불구
見彼衰老相 髮白而面皺 齒疏形枯竭 念其死不久

아금응당교 영득어도과 즉위방편설 열반진실법
我今應當敎 令得於道果 卽爲方便說 涅槃眞實法

세개불뢰고 여수말포염 여등함응당 질생염리심
世皆不牢固 如水沫泡焰 汝等咸應當 疾生厭離心

제인문시법 개득아라한 구족육신통 삼명팔해탈
諸人聞是法 皆得阿羅漢 具足六神通 三明八解脫

최후제오십 문일게수희 시인복승피 불가위비유
最後第五十 聞一偈隨喜 是人福勝彼 不可爲譬喩

여시전전문 기복상무량 하황어법회 초문수희자
如是展轉聞 其福尙無量 何況於法會 初聞隨喜者

약유권일인 장인청법화 언차경심묘 천만겁난우
若有勸一人 將引聽法華 言此經深妙 千萬劫難遇

즉수교왕청 내지수유문 사인지복보 금당분별설
卽受敎往聽 乃至須臾聞 斯人之福報 今當分別說

세세무구환 치불소황흑 순불후건결 무유가오상
世世無口患 齒不疏黃黑 脣不厚褰缺 無有可惡相

설불건흑단 비고수차직 액광이평정 면목실단엄
舌不乾黑短 鼻高修且直 額廣而平正 面目悉端嚴

위인소희견 구기무취예 우발화지향 상종기구출
爲人所喜見 口氣無臭穢 優鉢華之香 常從其口出

약고예승방 욕청법화경 수유문환희 금당설기복
若故詣僧坊 欲聽法華經 須臾聞歡喜 今當説其福

후생천인중 득묘상마차 진보지련여 급승천궁전
後生天人中 得妙象馬車 珍寶之輦輿 及乘天宮殿

약어강법처 권인좌청경 시복인연득 석범전륜좌
若於講法處 勸人坐聽經 是福因緣得 釋梵轉輪座

하황일심청 해설기의취 여설이수행 기복불가량
何況一心聽 解説其義趣 如説而修行 其福不可量

해석

1강 – 한글 경문

이 때 미륵보살마하살이 부처님께 질문하시되 "세존이시여 만약 선남자 선여인이 있어 이 법화경 듣고 따라서 기뻐한다면 그 사람(隨喜者) 얼마 만큼의 복을 받습니까?" 하고 게로 여쭈었다.

세존 멸도 후에 이 경전 듣는
사람 있어 만약 수희하는 사람
얼마 만큼의 복을
얻게 됩니까?

이 때 부처님께서 미륵보살에게 말씀하시되 "미륵이여(아일다) 여래 멸도 후에 만약 비구 비구니 우바새 우바이 혹은 다른 지혜 있는 사람이건 어른이건 아이건 이 경전 듣고 수희(隨喜)하며 법회에서 나가 다른 곳에 도착하되 승방에 머무르거나 한적한 곳이건 도시거나 거리거나 크고 작은 마을이거나, 들은 바 대로 부모 친척 친구 스승 위해서 힘 닿는 대로 연설하며, 이 사람들 듣고 나서 수희하여 다시 가르침을 전하니 또 다른 사람이 듣고 역시 수희하며 그 가르침을 전하여 이와 같이 계속하여 50번째 사람에게 이른다고 치자. 미륵이여 그 50번째 사람의 수희공덕을 그대에게 말하리니 그대는 잘 들으라.

만약 4백만억 아승지 세계 육도 사생 중생인 난생 태생 습생 화생이거나 유형 무형 유상 무상 비유상비무상이거나 무족 2족 4족 다족이거나 이 같은 중생의 무리에 속하는 자 속에, 사람있어 복을 구하되 좋아하는 바대로 즐길 것들 모두 주되 하나 하나의 중생들에게 염부제 가득 채운 금은 유리 자거 마노 산호 호박 등 진귀한 보석과 코끼리 말 수레 칠보로 이루어진 궁전 누각 등을 주었다고 한다면 이 대시주 이와 같이 보시하여 80년을 채우고 나서 이런 생각하되 '내가 이미 중생들 좋아하는 것들 그들이 원하는 바대로 보시하였는데, 이 중생들 모두 늙어 80이 넘어 머리는 백발이요, 얼굴은 주름살이 가득하며 장차 죽을 날이 멀지 않았으니, 내 마땅히 불법으로 그들 가르치고 인도하리라' 하고는 곧 이 중생들 모아서 불법을 선포하고 법으로 교화하며, 보이고 가르치며 이익과 기쁨 주어 일시에 모두 수다원도(깨달음의 첫단계), 사다함도(한번만 태어나는 단계), 아나함도(욕계에 태어나지 않는 단계), 아라한도(번뇌가 소멸된 단계) 얻고, 모든 번뇌가 다하고 깊은 선정에서 모두 자재함을 얻으며 8해탈을 갖춘다고 한다면 너의 생각은 어떠한가? 이 대시주가 얻게 되는 공덕이 많겠는가? 그렇지 않겠는가?"

미륵보살이 부처님께 아뢰되 "세존이시여 이 사람의 공덕이 대단히 많아서 무량 무변하나이다. 이 시주가 단지 중생들에게 좋아하는 물건들만 준다 하여도 공덕이 한량없거늘 하물며 아라한과를 얻게 하는 일이겠습니까?" 하니 부처님께서 미륵보살에게 말씀하시되 "내가 지금 분명하게 그대에게 말하리니 이 사람이 온갖 좋은 물건들로 4백 만억 아승지 세계의 육도 중생들에게 보시하고 또한 아라한과를 얻게 한다고 하더라도 그 얻는 공덕은 이 50번째 사람이 법화경의 한 구절을 듣고 기뻐한 공덕에 비교하면 백분의 일, 천분의 일, 천만억 분의 일에도 미치지 못하느니라. 그리고 그것은 산수나 비유로는 능히 알 수 없느니라.

아일다여 이와같이 50번째 전전하여 법화경을 듣고 수희한 공덕도 오히려 무량 무변 아승지와 같거늘 하물며 최초로 법회 중에 듣고 기뻐한 사람의 그 복은 더욱 뛰어나 무량 무변 아승지로도 비교하지 못하리라.

또한 아일다여 만약 사람들 이 경 위해서 승방에 찾아가 앉거나 서서 잠깐 동안이라도 듣고 받아 지니면 이 공덕으로 인해서 다시 태어날 때 아주 뛰어난 코끼리 말 수레 진귀한 가마 등을 타고 천궁에 올라 가느니라. 만약 다시 어떤 사람들 있어 설법처에 앉아 있다가 사람들 오면 권하여 앉아 법을 듣게 하거나 자리를 나누어 앉게 하면 이 사람 그 공덕으로 다시 태어날 때 제석천의 자리나 범천왕의 자리나 전륜성왕의 자리를 얻게 되느니라.

아일다여 만약 다시 어떤 사람이 다른 사람들에게 말하되 '법화경

이 있으니 함께 가서 배웁시다."

곧 그 이야기 듣고 잠시 동안이라도 듣는다면 이 사람 그 공덕으로 다시 태어날 때 다라니보살과 함께 한 곳에 태어나게 되느니라. 영리하고 지혜로우며 백천만세 동안 벙어리 되지 않으며, 입 냄새 없으며 혀에는 늘 병 없으며 입 또한 병 없으며, 치아에 때 끼거나 검거나 누렇거나 성기지 않으며 또한 빠져 부족하지 않으며 차이 없으며 굽지 않으며 입술은 아래로 처지거나 말려 올라간다거나 거칠어진다거나 부스럼 없으며 또한 갈라지지 않으며 또한 입 삐뚤어지지 않으며 두텁거나 크지 않으며, 또한 검지 않으며 어떤 미운 것도 없느니라. 코는 납작하거나 엷지 않으며 또한 비뚤어지지 않으며, 얼굴색 검지 않고 좁고 길죽하지 않으며 또한 움푹 들어가 굴곡 있지 않으며, 모든 불쾌한 모습이 없느니라. 입술 혀 치아 모두 다 아름다우며, 코는 길고 높고 곧으며 얼굴은 원만하느니라. 눈썹은 높고 길며 이마는 넓고 반듯하며 인상을 모두 갖추어 세세에 태어날 때마다 부처님 친견하고 법을 듣고 가르침 믿고 받아 지니느니라.

아일다여, 그대는 우선 이것을 보아라. 한 사람에게 권하여 그가 와서 법을 듣게 하는 공덕도 이와 같은데, 하물며 일심으로 듣고 설법하며 독송하고 대중들 위해서 분별하고 설법한 대로 수행하는 일이겠는가?"

그 때 세존께서 그 뜻을 거듭 밝히시려고 게송을 설하셨다.

해석

2강 – 한글 경문

만약 어떤 사람 법회에서 이 경전 듣고
한 게송이라도 따라서 함께 기뻐하며 남들
위해서 설법하되 이와 같이 계속 가르쳐
50번째 사람에 이르게 된다면 최후
사람이 얻게 될 복을 지금 설하리라.

마치 대시주가 있어 무량한 사람들에게
보시하되 80년 동안 그들이 원하는 대로
하였는데, 저들 노쇠하여 두발은 백발이고
얼굴 주름 가득함을 보며 치아 빠지고 모습
엉성히 마르니 생각하기를 그들 곧 죽음을
맞을 것이니 내가 지금 가르쳐 도과(道果)
얻게 하겠노라 하여 곧 방편으로 열반의
진실법을 설하였느니라.

"세상은 모두 견고하지 못하여 마치 물거품
같고 불꽃 같으니 그대들은 응당 빨리
집착심을 버리라." 사람들 이 법문을 듣고
아라한도를 얻었고 6신통력 3명 8해탈을
얻었다 할지라도 최후의 50번째 사람이
한 게송이라도 듣고 기뻐한다면 이 사람의
복이 저보다 더 많아 비유할 수 없을 것이니
이와 같이 전해 들은 그 복도 오히려 무량
하거늘 하물며 법회에서 처음 듣고 기뻐한
사람이겠는가!

만약 한 사람이라도 권하고 인도하여 법화경
듣게 하되 "이 경은 심묘하여 천만겁 지나도
만나기 어렵다" 말하며 곧 그 이야기 듣고
가서 법을 잠깐 동안이라도 배운다면 이
사람 복의 과보를 지금 분별하여 설하리라.

세세생생에 입병 없으며 치아 빠지거나
누렇거나 검지 않으며 입술 두텁거나 걷어
올려지거나 갈라지지 않으며 미운 모습
없으며, 혀는 마르거나 검거나 짧지 않으며

코는 높고 길고 곧으며 이마는 넓고 반듯
하며 얼굴은 모두 단정하여 사람들 모두 보기
좋아하며, 입에 냄새 없으며 우담바라꽃의
향기가 그 입에서 나오게 되리라.

마음에 뜻을 품고 승방 찾아가 법화경 듣고자
하여 잠시 동안이라도 듣고 기뻐한다면 그
복을 설하리라. 내생에 천상이나 인간으로
태어나 아름다운 코끼리 말 수레 보배 가마
얻고 그것들 타고 하늘나라 궁전에 올라가리라.

만약 법화경을 설하는 곳에서 사람들에게
권하여 앉아 경전 듣게 한다면 이 복의 인연
으로 제석천 범천왕 전륜성왕의 자리를 얻게
되리라. 하물며 일심으로 듣고 그 뜻을 해설하고
설한 바대로 수행한다면 그 복은 한량이
있겠는가!

강의 1강

세존 멸도 후에 법화경을 듣고 기뻐한다면 그 복이 얼마나 될 것인지 묻는 것으로 시작된다. 대시주가 무수한 중생들에게 80년 동안 온갖 진귀한 물건으로 시주하고, 나중에 법으로 교화하여 아라한도를 얻게 하더라도 그 공덕은 법화경을 전해 들은 50번째 사람이 수희하는 공덕과는 비교도 되지 않을 정도로 적다고 설한다. 이것이 50전전의 비유이다.

그리고 법화경 설법하는 곳에서 사람들에게 자리 권하고 설법 듣게 한다면 그 공덕으로 제석천과 범천왕과 전륜성왕의 자리 얻게 되는 공덕을 밝힌다. 이어서 법화경을 듣고 잠깐 동안이라도 기뻐한다면 그 얻은 공덕은 진귀한 재물을 얻고, 좋은 몸을 받게 되며, 세세생생에 태어나는 곳마다 부처님을 친견하며 불법을 듣고 수지할 것이라 설한다.

수희공덕은 결국 법화경의 강의나 설법을 듣고 기뻐한 공덕 즉 초발심의 마음에서 이미 수행의 성취가 이루어진다는 내용이다. 초발심시 변정각이라는 유명한 경구와 같은 뜻이다. 처음 발심할 때가 바로 깨달음을 이루는 자리라는 말이다. 법화경을 듣고 처음 기뻐하며 공부하고자 하는 마음을 낼 때 이미 행복이 거의 성취된 것이나 다름없다.

시작이 얼마나 중요한 것인가를 잘 설명하고 있는 품이다.

그리고 50전전의 비유는 법화경 전법의 공덕을 설한 것이다. 평생 살아가면서 가족이나 친구, 그리고 이웃 등 최소 50명에게 법화경을 전법하라는 부처님의 간곡한 부탁인 것이다.

강의 2강

앞의 내용을 운문으로 다시 한 번 설명하고 있다.

여기서 특히 중요시 되는 경구가 나오는데, 이것은 금강경의 사구게를 연상시킨다.

"세상은 모두 견고하지 못하여 마치
물거품 같고 불꽃 같으니 그대들은
응당 빨리 집착심을 버리라."

사람들 이 법문을 듣고 아라한도를 얻었고 6신통력 3명 8해탈을 얻었다.

그리고 물질로 보시한 사람들보다 법화경의 한 게송이라도 듣고 기

빼한 제 50번째 사람의 공덕이 훨씬 뛰어나다고 설한다. 그리고 사람들에게 법화경을 듣도록 권하는 사람은 그 인연 공덕으로 제석천 범천왕 전륜성왕의 자리를 얻게 되리라는 경구와 법화경을 일심으로 듣고 그 뜻을 해설하고 설한 대로 수행하면 그 복은 한량없다는 설법으로 이 품이 끝나게 된다.

제19 법사공덕품

범어로 dharma bhāṇaka anuśaṃsā parivartaḥ인데, dharma bhāṇaka는 법사를 뜻하며 anuśaṃsā는 찬탄이나 공덕을 뜻하여 곧 법사공덕품으로 번역되었다.

부처님께서 상정진보살마하살에게 법화경을 믿고 따르는 5종 법사의 공덕에 대해서 설하고 있다. 눈의 공덕 · 귀의 공덕 · 코의 공덕 · 혀의 공덕 · 몸의 공덕 · 마음의 공덕을 밝히고, 이 공덕으로 6근이 모두 청정해진다.

원문

1강 – 한문 경문

이시불고상정진보살마하살 약선남자선여인 수지시
爾時佛告常精進菩薩摩訶薩 若善男子善女人 受持是

법화경 약독약송약해설약서사 시인당득팔백안공덕
法華經 若讀若誦若解說若書寫 是人當得八百眼功德

천이백이공덕 팔백비공덕 천이백설공덕 팔백신공덕
千二百耳功德 八百鼻功德 千二百舌功德 八百身功德

천이백의공덕 이시공덕장엄육근개령청정 시선남자
千二百意功德 以是功德莊嚴六根皆令淸淨 是善男子

선여인 부모소생청정육안 견어삼천대천세계내외소
善女人 父母所生淸淨肉眼 見於三千大千世界內外所

유산림하해 하지아비지옥상지유정 역견기중일체중
有山林河海 下至阿鼻地獄上至有頂 亦見其中一切衆

생 급업인연과보생처 실견실지 이시세존욕중선차의
生 及業因緣果報生處 悉見悉知 爾時世尊欲重宣此義

이설게언
而說偈言

약어대중중 이무소외심 설시법화경 여청기공덕
若於大衆中 以無所畏心 說是法華經 汝聽其功德

시인득팔백 공덕수승안 이시장엄고 기목심청정
是人得八百 功德殊勝眼 以是莊嚴故 其目甚淸淨

부모소생안 실견삼천계 내외미루산 수미급철위
父母所生眼 悉見三千界 內外彌樓山 須彌及鐵圍

병제여산림 대해강하수 하지아비옥 상지유정처
幷諸餘山林 大海江河水 下至阿鼻獄 上至有頂處

기중제중생 일체개실견 수미득천안 육안력여시
其中諸衆生 一切皆悉見 雖未得天眼 肉眼力如是

부차상정진 약선남자선여인 수지차경 약독약송약해
復次常精進 若善男子善女人 受持此經 若讀若誦若解

설약서사 득천이백이공덕 이시청정이 문삼천대천세
說若書寫 得千二百耳功德 以是清淨耳 聞三千大千世

계 하지아비지옥상지유정 기중내외종종어언음성 상
界 下至阿鼻地獄上至有頂 其中內外種種語言音聲 象

성마성우성거성 제곡성수탄성 나성고성종성령성 소
聲馬聲牛聲車聲 啼哭聲愁歎聲 螺聲鼓聲鍾聲鈴聲 笑

성어성 남성여성동자성동녀성 법성비법성 고성낙성
聲語聲 男聲女聲童子聲童女聲 法聲非法聲 苦聲樂聲

범부성성인성 희성불희성 천성룡성야차성건달바성아
凡夫聲聖人聲 喜聲不喜聲 天聲龍聲夜叉聲乾闥婆聲阿

수라성가루라성긴나라성마후라가성 화성수성풍성 지
修羅聲迦樓羅聲緊那羅聲摩睺羅伽聲 火聲水聲風聲 地

옥성축생성아귀성 비구성비구니성 성문성벽지불성
獄聲畜生聲餓鬼聲 比丘聲比丘尼聲 聲聞聲辟支佛聲

보살성불성 이요언지 삼천대천세계중 일체내외소유
菩薩聲佛聲 以要言之 三千大千世界中 一切內外所有

제성 수미득천이 이부모소생청정상이 개실문지 여
諸聲 雖未得天耳 以父母所生清淨常耳 皆悉聞知 如

시분별종종음성 이불괴이근 이시세존욕중선차의 이
是分別種種音聲 而不壞耳根 爾時世尊欲重宣此義 而

설게언
說偈言

부모소생이 청정무탁예 이차상이문 삼천세계성
父母所生耳 清淨無濁穢 以此常耳聞 三千世界聲

상마거우성 종령나고성 금슬공후성 소적시음성
象馬車牛聲 鍾鈴螺鼓聲 琴瑟箜篌聲 簫笛之音聲

청정호가성 청지이불착 무수종인성 문실능해료
清淨好歌聲 聽之而不著 無數種人聲 聞悉能解了

우문제천성 미묘지가음 급문남녀성 동자동녀성
又聞諸天聲 微妙之歌音 及聞男女聲 童子童女聲

산천험곡중 가릉빈가성 명명등제조 실문기음성
山川嶮谷中 迦陵頻伽聲 命命等諸鳥 悉聞其音聲

지옥중고통 종종초독성 아귀기갈핍 구색음식성
地獄衆苦痛 種種楚毒聲 餓鬼飢渴逼 求索飲食聲

제아수라등 거재대해변 자공어언시 출우대음성
諸阿修羅等 居在大海邊 自共語言時 出于大音聲

여시설법자 안주어차간 요문시중성 이불괴이근
如是説法者 安住於此間 遙聞是衆聲 而不壞耳根

시방세계중 금수명상호 기설법지인 어차실문지
十方世界中 禽獸鳴相呼 其説法之人 於此悉聞之

기제범천상 광음급변정 내지유정천 언어지음성
其諸梵天上 光音及遍淨 乃至有頂天 言語之音聲

법사주어차 실개득문지 일체비구중 급제비구니
法師住於此 悉皆得聞之 一切比丘衆 及諸比丘尼

약독송경전 약위타인설 법사주어차 실개득문지
若讀誦經典 若爲他人説 法師住於此 悉皆得聞之

부유제보살 독송어경법 약위타인설 찬집해기의
復有諸菩薩 讀誦於經法 若爲他人説 撰集解其義

여시제음성 실개득문지 제불대성존 교화중생자
如是諸音聲 悉皆得聞之 諸佛大聖尊 教化衆生者

어제대회중 연설미묘법 지차법화자 실개득문지
於諸大會中 演説微妙法 持此法華者 悉皆得聞之

삼천대천계 내외제음성 하지아비옥 상지유정천
三千大千界 內外諸音聲 下至阿鼻獄 上至有頂天

개문기음성 이불괴이근 기이총리고 실능분별지
皆聞其音聲 而不壞耳根 其耳聰利故 悉能分別知

지시법화자 수미득천이 단용소생이 공덕이여시
持是法花者 雖未得天耳 但用所生耳 功德已如是

부차상정진 약선남자선여인 수지시경 약독약송약해
復次常精進 若善男子善女人 受持是經 若讀若誦若解

설약서사 성취팔백비공덕 이시청정비근 문어삼천대
説若書寫 成就八百鼻功德 以是清淨鼻根 聞於三千大

천세계상하내외종종제향 수만나화향 사제화향 말리
千世界上下内外種種諸香 須曼那華香 闍提華香 末利

화향 첨복화향 바라라화향 적련화향 청련화향 백
華香 瞻蔔華香 波羅羅華香 赤蓮華香 青蓮華香 白

련화향 화수향과수향 전단향침수향 다마라발향 다
蓮華香 華樹香果樹香 栴檀香沈水香 多摩羅跋香 多

가라향 급천만종화향 약말약환약도향 지시경자 어
伽羅香 及千萬種和香 若末若丸若塗香 持是經者 於

차간주실능분별 우부별지중생지향 상향마향우양등향
此間住悉能分別 又復別知衆生之香 象香馬香牛羊等香

남향여향 동자향동녀향 급초목총림향 약근약원소유
男香女香 童子香童女香 及草木叢林香 若近若遠所有

제향 실개득문분별불착 지시경자 수주어차 역문천
諸香 悉皆得聞分別不錯 持是經者 雖住於此 亦聞天

상제천지향 바리질다라구비다라수향 급만다라화향
上諸天之香 波利質多羅拘鞞陀羅樹香 及曼陀羅華香

마하만다라화향 만수사화향 마하만수사화향 전단침
摩訶曼陀羅華香 曼殊沙華香 摩訶曼殊沙華香 栴檀沈

수 종종말향 제잡화향 여시등천향 화합소출지향 무
水 種種末香 諸雜華香 如是等天香 和合所出之香 無

불문지 우문제천신향 석제환인재승전상오욕오락희희
不聞知 又聞諸天身香 釋提桓因在勝殿上五欲娛樂嬉戲

시향 약재묘법당상위도리제천설법시향 약어제원유희
時香 若在妙法堂上爲忉利諸天説法時香 若於諸園遊戲

시향 급여천등남녀신향 개실요문 여시전전내지범세
時香 及餘天等男女身香 皆悉遙聞 如是展轉乃至梵世

상지유정제천신향 역개문지 병문제천소소지향 급성
上至有頂諸天身香 亦皆聞之 并聞諸天所燒之香 及聲

문향 벽지불향 보살향 제불신향 역개요문지기소재
聞香 辟支佛香 菩薩香 諸佛身香 亦皆遙聞知其所在

수문차향 연어비근불괴불착 약욕분별위타인설 억념
雖聞此香 然於鼻根不壞不錯 若欲分別爲他人説 憶念

불류 이시세존욕중선차의 이설게언
不謬 爾時世尊欲重宣此義 而説偈言

시인비청정 어차세계중 약향약취물 종종실문지
是人鼻淸淨 於此世界中 若香若臭物 種種悉聞知

수만나사제 다마라전단 침수급계향 종종화과향
須曼那闍提 多摩羅栴檀 沈水及桂香 種種華果香

급지중생향 남자여인향 설법자원주 문향지소재
及知衆生香 男子女人香 説法者遠住 聞香知所在

대세전륜왕 소전륜급자 군신제궁인 문향지소재
大勢轉輪王 小轉輪及子 群臣諸宮人 聞香知所在

신소착진보 급지중보장 전륜왕보녀 문향지소재
身所著珍寶 及地中寶藏 轉輪王寶女 聞香知所在

제인엄신구 의복급영락 종종소도향 문향지기신
諸人嚴身具 衣服及瓔珞 種種所塗香 聞香知其身

제천약행좌 유희급신변 지시법화자 문향실능지
諸天若行坐 遊戲及神變 持是法華者 聞香悉能知

제수화과실 급소유향기 지경자주차 실지기소재
諸樹華果實 及酥油香氣 持經者住此 悉知其所在

제산심험처 전단수화부 중생재중자 문향개능지
諸山深嶮處 栴檀樹花敷 衆生在中者 聞香皆能知

철위산대해 지중제중생 지경자문향 실지기소재
鐵圍山大海 地中諸衆生 持經者聞香 悉知其所在

아수라남녀 급기제권속 투쟁유희시 문향개능지
阿修羅男女 及其諸眷屬 鬪諍遊戲時 聞香皆能知

광야험애처 사자상호랑 야우수우등 문향지소재
曠野險隘處 師子象虎狼 野牛水牛等 聞香知所在

약유회임자 미변기남녀 무근급비인 문향실능지
若有懷妊者 未辯其男女 無根及非人 聞香悉能知

이문향력고 지기초회임 성취불성취 안락산복자
以聞香力故 知其初懷妊 成就不成就 安樂產福子

이문향력고 지남녀소념 염욕치에심 역지수선자
以聞香力故 知男女所念 染欲癡恚心 亦知修善者

지중중복장 금은제진보 동기지소성 문향실능지
地中衆伏藏 金銀諸珍寶 銅器之所盛 聞香悉能知

종종제영락 무능식기가 문향지귀천 출처급소재
種種諸瓔珞 無能識其價 聞香知貴賤 出處及所在

천상제화등 만다만수사 바리질다수 문향실능지
天上諸華等 曼陀曼殊沙 波利質多樹 聞香悉能知

천상제궁전 상중하차별 중보화장엄 문향실능지
天上諸宮殿 上中下差別 衆寶花莊嚴 聞香悉能知

천원림승전 제관묘법당 재중이오락 문향실능지
天園林勝殿 諸觀妙法堂 在中而娛樂 聞香悉能知

제천약청법 혹수오욕시 내왕행좌와 문향실능지
諸天若聽法 或受五欲時 來往行坐臥 聞香悉能知

천녀소착의 호화향장엄 주선유희시 문향실능지
天女所著衣 好華香莊嚴 周旋遊戲時 聞香悉能知

여시전전상 내지어범세 입선출선자 문향실능지
如是展轉上 乃至於梵世 入禪出禪者 聞香悉能知

광음변정천 내지우유정 초생급퇴몰 문향실능지
光音遍淨天 乃至于有頂 初生及退沒 聞香悉能知

제비구중등 어법상정진 약좌약경행 급독송경법
諸比丘衆等 於法常精進 若坐若經行 及讀誦經法

혹재림수하 전정이좌선 지경자문향 실지기소재
或在林樹下 專精而坐禪 持經者聞香 悉知其所在

보살지견고 좌선약독송 혹위인설법 문향실능지
菩薩志堅固 坐禪若讀誦 或爲人說法 聞香悉能知

재재방세존 일체소공경 민중이설법 문향실능지
在在方世尊 一切所恭敬 愍衆而說法 聞香悉能知

중생재불전 문경개환희 여법이수행 문향실능지
衆生在佛前 聞經皆歡喜 如法而修行 聞香悉能知

수미득보살 무루법생비 이시지경자 선득차비상
雖未得菩薩 無漏法生鼻 而是持經者 先得此鼻相

원문

2강 – 한문 경문

부차상정진 약선남자선여인 수지시경 약독약송약해
復次常精進 若善男子善女人 受持是經 若讀若誦若解

설약서사 득천이백설공덕 약호약추 약미불미 급제
説若書寫 得千二百舌功德 若好若醜 若美不美 及諸

고삽물 재기설근 개변성상미 여천감로무불미자 약
苦澁物 在其舌根 皆變成上味 如天甘露無不美者 若

이설근 어대중중유소연설 출심묘성능입기심 개령환
以舌根 於大衆中有所演説 出深妙聲能入其心 皆令歡

희쾌락 우제천자천녀석범제천 문시심묘음성 유소연
喜快樂 又諸天子天女釋梵諸天 聞是深妙音聲 有所演

설언론차제 개실내청 급제룡용녀 야차야차녀 건달
説言論次第 皆悉來聽 及諸龍龍女 夜叉夜叉女 乾闥

바건달바녀 아수라아수라녀 가루라가루라녀 긴나라
婆乾闥婆女 阿修羅阿修羅女 迦樓羅迦樓羅女 緊那羅

긴나라녀 마후라가마후라가녀 위청법고 개래친근공
緊那羅女 摩睺羅伽摩睺羅伽女 爲聽法故 皆來親近恭

경공양 급비구비구니우바새우바이 국왕왕자군신권속
敬供養 及比丘比丘尼優婆塞優婆夷 國王王子群臣眷屬

소전륜왕대전륜왕 칠보천자내외권속 승기궁전구래청
小轉輪王大轉輪王 七寶千子内外眷屬 乘其宮殿俱來聽

법 이시보살선설법고 바라문거사국내인민 진기형수
法 以是菩薩善説法故 婆羅門居士國内人民 盡其形壽

수시공양 우제성문벽지불보살제불 상요견지 시인소

隨侍供養 又諸聲聞辟支佛菩薩諸佛 常樂見之 是人所

재방면 제불개향기처설법 실능수지일체불법 우능출

在方面 諸佛皆向其處說法 悉能受持一切佛法 又能出

어심묘법음 이시세존욕중선차의 이설게언

於深妙法音 爾時世尊欲重宣此義 而說偈言

시인설근정 종불수악미 기유소식담 실개성감로

是人舌根淨 終不受惡味 其有所食噉 悉皆成甘露

이심정묘성 어대중설법 이제인연유 인도중생심

以深淨妙聲 於大衆說法 以諸因緣喩 引導衆生心

문자개환희 설제상공양 제천룡야차 급아수라등

聞者皆歡喜 設諸上供養 諸天龍夜叉 及阿修羅等

개이공경심 이공래청법 시설법지인 약욕이묘음

皆以恭敬心 而共來聽法 是說法之人 若欲以妙音

변만삼천계 수의즉능지 대소전륜왕 급천자권속

遍滿三千界 隨意卽能至 大小轉輪王 及千子眷屬

합장공경심 상래청수법 제천룡야차 나찰비사사

合掌恭敬心 常來聽受法 諸天龍夜叉 羅刹毘舍闍

역이환희심 상요내공양 범천왕마왕 자재대자재

亦以歡喜心 常樂來供養 梵天王魔王 自在大自在

여시제천중 상래지기소 제불급제자 문기설법음

如是諸天衆 常來至其所 諸佛及弟子 聞其說法音

상념이수호 혹시위현신

常念而守護 或時爲現身

부차상정진 약선남자선여인 수지시경 약독약송약해

復次常精進 若善男子善女人 受持是經 若讀若誦若解

설약서사 득팔백신공덕 득청정신여정유리 중생희견

說若書寫 得八百身功德 得淸淨身如淨琉璃 衆生喜見

기신정고 삼천대천세계중생 생시사시상하호추 생선
其身淨故 三千大千世界衆生 生時死時上下好醜 生善

처악처 실어중현 급철위산 대철위산 미루산 마하
處惡處 悉於中現 及鐵圍山 大鐵圍山 彌樓山 摩訶

미루산등제산 급기중중생실어중현 하지아비지옥상지
彌樓山等諸山 及其中衆生悉於中現 下至阿鼻地獄上至

유정 소유급중생실어중현 약성문벽지불보살제불설법
有頂 所有及衆生悉於中現 若聲聞辟支佛菩薩諸佛説法

개어신중현기색상 이시세존욕중선차의 이설게언
皆於身中現其色像 爾時世尊欲重宣此義 而説偈言

약지법화자 기신심청정 여피정유리 중생개희견
若持法花者 其身甚清淨 如彼淨琉璃 衆生皆喜見

우여정명경 실견제색상 보살어정신 개견세소유
又如淨明鏡 悉見諸色像 菩薩於淨身 皆見世所有

유독자명료 여인소불견 삼천세계중 일체제군맹
唯獨自明了 餘人所不見 三千世界中 一切諸群萌

천인아수라 지옥귀축생 여시제색상 개어신중현
天人阿修羅 地獄鬼畜生 如是諸色像 皆於身中現

제천등궁전 내지어유정 철위급미루 마하미루산
諸天等宮殿 乃至於有頂 鐵圍及彌樓 摩訶彌樓山

제대해수등 개어신중현 제불급성문 불자보살등
諸大海水等 皆於身中現 諸佛及聲聞 佛子菩薩等

약독약재중 설법실개현 수미득무루 법성지묘신
若獨若在衆 説法悉皆現 雖未得無漏 法性之妙身

이청정상체 일체어중현
以清淨常體 一切於中現

부차상정진 약선남자선여인 여래멸후수지시경 약독
復次常精進 若善男子善女人 如來滅後受持是經 若讀

약송약해설약서사 득천이백의공덕 이시청정의근 내
若誦若解説若書寫 得千二百意功德 以是清淨意根 乃

지문일게일구 통달무량무변지의 해시의이 능연설일
至聞一偈一句 通達無量無邊之義 解是義已 能演説一

게일구 지어일월사월내지일세 제소설법수기의취 개
偈一句 至於一月四月乃至一歲 諸所説法隨其義趣 皆

여실상불상위배 약설속간경서 치세어언자생업등 개
與實相不相違背 若説俗間經書 治世語言資生業等 皆

순정법 삼천대천세계육취중생 심지소행 심소동작
順正法 三千大千世界六趣衆生 心之所行 心所動作

심소희론 개실지지 수미득무루지혜 이기의근청정여
心所戲論 皆悉知之 雖未得無漏智慧 而其意根清淨如

차 시인유소사유주량언설 개시불법무부진실 역시선
此 是人有所思惟籌量言説 皆是佛法無不眞實 亦是先

불경중소설 이시세존욕중선차의 이설게언
佛經中所説 爾時世尊欲重宣此義 而説偈言

시인의청정 명리무예탁 이차묘의근 지상중하법
是人意清淨 明利無穢濁 以此妙意根 知上中下法

내지문일게 통달무량의 차제여법설 월사월지세
乃至聞一偈 通達無量義 次第如法説 月四月至歲

시세계내외 일체제중생 약천룡급인 야차귀신등
是世界内外 一切諸衆生 若天龍及人 夜叉鬼神等

기재육취중 소념약간종 지법화지보 일시개실지
其在六趣中 所念若干種 持法花之報 一時皆悉知

시방무수불 백복장엄상 위중생설법 실문능수지
十方無數佛 百福莊嚴相 爲衆生説法 悉聞能受持

사유무량의 설법역무량 종시불망착 이지법화고
思惟無量義 説法亦無量 終始不忘錯 以持法華故

실지제법상 수의식차제 달명자어언 여소지연설
悉知諸法相 隨義識次第 達名字語言 如所知演説

차인유소설 개시선불법 이연차법고 어중무소외
此人有所說 皆是先佛法 以演此法故 於衆無所畏

지법화경자 의근정약사 수미득무루 선유여시상
持法花經者 意根淨若斯 雖未得無漏 先有如是相

시인지차경 안주희유지 위일체중생 환희이애경
是人持此經 安住希有地 爲一切衆生 歡喜而愛敬

능이천만종 선교지어언 분별이설법 지법화경고
能以千萬種 善巧之語言 分別而說法 持法花經故

해석

1강 – 한글 경문

이 때 부처님께서 상정진보살마하살에게 이르시되, 만약 선남자 선여인이 이 법화경을 수지하여, 읽거나 외거나 해설하거나 사경한다면 이 사람은 마땅히 8백 눈의 공덕과 천 2백 귀의 공덕, 8백 코의 공덕, 천 2백 혀의 공덕, 8백 몸의 공덕, 천 2백 마음의 공덕을 얻게 되리라. 이 공덕으로 6근이 장엄하고 모두 청정하게 되리라. 이 선남자 선여인이 부모에게 받은 청정한 육안으로 삼천대천세계 내외의 산림, 강, 바다 등을 보되, 아래로는 아비지옥까지 이르며, 위로는 유정천까지 이르며 또한 그 가운데 일체 중생들 업의 인연과 과보로 태어나는 곳을 다 보고 다 아느니라.

그 때 세존께서 그 뜻을 거듭 밝히시려고 게송을 설하였다.

대중 가운데서 두려움 없는 마음으로 이
법화경 설한다면 그대는 그 공덕을 들으라.
이 사람은 8백의 수승한 눈의 공덕을 얻어
이것으로 장엄하기에 그 눈 심히 청정하리라.

부모에게 받은 눈으로 삼천세계 내외의 미루산
수미산 철위산 다른 산림 대해 강과 하천 모두
보되 아래로는 아비지옥에서 위로는 유정천에
이르며 그 가운데 모든 중생들 다 보게 되며
비록 천안은 못 얻지만 육안의 힘은 이와
같느니라.

다시 상정진보살이여, 만약 선남자 선여인 있어 이 경전 수지하거나 독송하거나 해설하거나 사경한다면 천 이백 귀의 공덕을 얻게 되며, 이 청정한 귀로 삼천대천세계 소리를 듣되 아래로는 아비지옥에 이르고 위로는 유정천에 이른다. 그 속의 온갖 언어와 음성 곧 코끼리 소리, 말소리, 소의 소리, 수레 소리, 곡소리, 근심어린 탄식소리, 소라 소리, 북소리, 종소리, 방울 소리, 웃음 소리, 말 소리, 남녀 소리, 소년 소녀의 소리, 법 비법의 소리, 고락의 소리, 범부 성인의 소리, 즐겁고 즐겁지 않은 소리, 천룡의 소리, 야차 건달바 아수라 가루라 긴나라 마후라가의 소리, 불 물 바람의 소리, 지옥 축생 아귀의 소리, 비구 비구니의 소리, 성문 벽지불 보살의 소리, 부처님의 소리를 듣게 되리라.

요점을 말하자면 삼천대천세계의 일체 내외 모든 소리를 비록 천이는 못 얻었지만 부모에게 물려 받은 청정한 귀로 항상 이 같은 것들 모두 듣고 알며 온갖 음성을 분별하지만 귀는 손상되지 않느니라. 그 때 세존께서 이 뜻을 거듭 밝히시려고 계송을 설하셨다.

부모에게 물려 받은 귀 청정하여 더럽지
아니하며 이 귀로 항상 삼천세계의 소리를
듣되 코끼리 말 수레 소의 소리, 종 방울 소라
북의 소리, 거문고 비파 공후 소리, 소적의
음성, 청정하고 좋은 노랫소리, 그것을 듣고
집착하지 않으며, 무수한 종류의 사람 소리
듣고 모두 다 이해할 수 있느니라.

또한 모든 천신들의 소리 미묘한 노랫소리
듣고, 남녀의 소리, 동자 동녀의 소리 들으며
산천 험곡 속의 가릉빈가 소리 명명 등 새들
그 음성 모두 다 들으며, 지옥의 온갖 고통
소리 아귀들 굶주려 음식 찾는 소리, 아수라
대해변에 머물면서 서로 말할 때 나오는 큰
음성들, 이 같은 설법자들 이 속에 편안히
머물면서 멀리서 이 대중들의 소리 듣지만
귀가 손상되지 않느니라.

시방세계에서 금수 서로 울면서 불러도

그 설법자들 여기서 그것을 모두 들으며
그 범천 위의 광음천 변정천 유정천 말소리
법사 여기에 머무르며 모두 다 그것을 듣게
되느니라. 일체 비구 비구니 경전 독송하거나
타인 위해서 설법하면 법사 여기 머무르며
그것을 모두 다 듣게 되느니라.

다시 보살들 있어 경전 독송하고 타인들
위해 설법하며 편찬하여 그 뜻을 해설하며
이와 같은 음성들 모두 다 그것을 듣게 되며
제불 대성존이시며 중생들 교화하시는 부처님
대법회 중에서 미묘법을 연설하실 때 이 법화경
수지하는 중생들 모두 다 이것을 듣게 되리라.

삼천대천세계의 소리들 아래로 아비지옥에서
위로 유정천까지 그 소리 모두 들어도 귀
손상되지 않나니, 그 귀의 뛰어남으로 다 분별
하여 알 수 있으며, 이 법화경 수지하는 사람들
비록 천이는 얻지 못했지만 단지 타고난 귀를
사용하는 공덕이 이미 이와 같느니라.

다시 상정진보살이여, 만약 선남자 선여인이 있어 이 경전 수지하거나 독송하거나 해실하거나 사경한다면 8백 코의 공덕을 성취하게 되느니라. 이 청정한 코로 삼천대천세계 상하내외의 온갖 향을 맡게 되리니, 수만나화향 사제화향 말리화향 첨복화향 바라라화향 적련화향 청련화향 백련화향 화수향 과수향 전단향 침수향 다마라발향 다가라향 천만 가지 종류 화합한 향인 말향 환향 도향들, 이 경전 수지하는 사람들 여기에 머물면서 모두 분별할 수 있느니라. 또한 다시 구별하여 중생들 향기 알되, 코끼리 말 소 양 등의 냄새 알며, 남녀의 냄새, 동자 동녀의 냄새, 초목 총림의 냄새, 원근의 모든 냄새들 모두 다 맡아서 분별하여 알되 착오가 없느니라. 이 경 수지하는 사람들 비록 여기 머물지만 또한 천상의 천신들 향기 맡아서 바리질다라 구비다라수향 만다라화향 마하만다라화향 만수사화향 마하만수사화향 전단 침수, 온갖 말향, 잡화향, 이 같은 천향 화합하여 나오는 향기들 맡아서 알지 못하는 것 없느니라. 또한 여러 천신들 향기를 맡되, 석제환인 수승한 궁전에 머물면서 오욕 오락 즐길 때 나는 향기 혹은 뛰어난 법당에 머물면서 도리천의 천신들 위해서 설법할 때의 향기 혹은 하늘 정원 거닐 때의 향기와 다른 천신 남녀들 몸에서 나는 향기들 모두 다 멀리서 맡아 알며, 이렇게 나아가 범천에 이르며 위로 유정천 천신 향기 또한 모두 맡아서 알게 되느니라.

아울러 천신들 태우는 향 맡고, 성문향 벽지불향 보살향 모든 부처님 몸의 향기 또한 모두 멀리서 맡아서 그 소재를 알게 되느니라. 비록 이 향을 맡지만 코는 손상되지 않으며, 착오도 없느니라. 만약 분별하여 타인들 위해서 설하고자 한다면 그 기억들 오류 없느니라.

그 때 세존께서 그 뜻을 거듭 밝히시려고 게송을 설하셨다.

이 사람들 코 청정하여 이 세계 향기나
냄새들 모두 다 맡아 아느니라. 수만나
사제 다마라 전단 침수 계향 온갖 꽃 과일
향기 중생들 향기를 알되, 남자 여인들 향기
알며 설법자 멀리 머물며 향기 맡아서 그
소재지 아느니라.

큰 세력 있는 전륜왕 소전륜왕 그 아들 군신들
궁인들 그 향기로 그 소재지 알 수 있으며, 몸에
착용한 보석과 땅속 묻힌 보석 전륜왕의 보석녀
그 향기로 소재 알 수 있으며, 사람들 장신구
의복 영락 온갖 바르는 향, 그 향으로 그 몸
알 수 있느니라.

천신들 걷는지 앉는지 노는지 신통 변화
하는지 이 법화경 수지하는 사람들 향기로
알 수 있으며 나무들 꽃 과실 소유(酥油)

향기 법화경 수지하는 사람들 여기 머물며
그 소재지 모두 알 수 있느니라.

깊은 산속 험한 곳에 전단나무 꽃이 피면
중생들 그 속에 머무는 이들 향기로 모두
알 수 있으며, 철위산 대해 땅속 중생들
경전 수지하는 이들 향기 맡고 그 소재지
모두 다 알 수 있느니라.

아수라 남녀들 그 권속들 싸우거나 놀 때
그 향으로 모두 알 수 있으며, 광야 험한 곳
사자 코끼리 호랑이 이리 들소 물소 등
그 향으로 그 소재 알 수 있느니라.

만약 임신 했을 때 아들 딸 중성 비인(非人)
인지 판단하지 못할 때 그 향기로 모두
다 알 수 있으며, 향기 맡는 힘으로 그 임신
성공 여부를 알며, 복덩이 순산할지를
아느니라.

향기 맡는 힘으로 남녀가 생각하는 탐진치

알며, 또한 선을 닦는 사람들 알며 땅속에
묻힌 온갖 금은 보석과 동그릇에 담긴 것
향으로 모두 알 수 있느니라.

온갖 그 가치 따질 수 없는 영락들 그
향으로 귀천 출처 소재지 알며, 천상의
꽃들인 만다라 만수사 바리질다수 그 향
으로 모두 다 알 수 있으며, 천상의 궁전들
상중하 차별과 다양한 보화로 장엄함을
그 향으로 다 알 수 있느니라.

하늘 원림 뛰어난 궁전과 누각 아름다운
법당 그 속의 오락들 향으로 다 알 수
있으며, 천신들 법을 듣거나 오욕락
받을 때 왕래 행주좌와 향으로 모두
알 수 있으며, 천녀들 입은 옷에 좋은
꽃 향 장식들 자유롭게 날아다니며
놀 때 그 향으로 모두 알 수 있느니라.

이렇게 올라가 범천에 이르며 선정에
들고 나오는 사람들 향으로 다 알며,

광음천 변정천 유정천에 이르며 태어나고
죽는 것 향으로 다 알 수 있느니라.

여러 비구들 법을 향해서 항상 정진하되
앉거나 걷거나 경전 독송하며, 혹은 숲속
에 머무르며 전념으로 참선할 때 법화경
수지하는 이들 향으로 그 소재지 알 수
있으며, 보살이 마음 견고하여 좌선하거나
독송하거나 혹은 남 위해서 설법할 때
향으로 다 알 수 있느니라.

모든 곳의 세존께서 일체 대중의 존경
받으시며 중생들 불쌍히 여겨 설법하실 때
향으로 모두 알며, 중생들 불전에서 경전
듣고 모두 기뻐하며 여법히 수행하는 것
향으로 모두 알 수 있느니라.

비록 보살의 무루법에서 생긴 코는 얻지
못하였지만 이 경 수지하는 이들 먼저
이런 코의 모습을 얻느니라.

해석

2강 - 한글 경문

다시 상정진보살이여, 만약 선남자 선여인 있어 이 경 수지하거나 독송하거나 해설하거나 사경한다면 천 2백 혀의 공덕을 얻게 되리라.

좋거나 추하거나 아름답거나 그렇지 않거나 쓰거나 떫은 물건이거나 그 혀 속에 있으면 모두 최고의 맛으로 변하여 마치 천상의 감로와 같이 되어 최상의 맛이 되느니라.

만약 그 혀로 대중들 속에서 연설하면 미묘한 소리가 나와서 그들 마음 속에 들어가 모두 환희심과 즐거움 주며, 또한 모든 천자 천녀 석범제천 이 미묘한 음성으로 설법하는 것과 논의를 전부 듣게 되느니라.

모든 용과 용녀, 야차 야차녀, 건달바 건달바녀, 아수라 아수라녀, 가루라 가루라녀, 긴나라 긴나라녀, 마후라가 마후라가녀 등이 법을 듣기 위해서 모두 와서 친근 공경 공양하며, 비구 비구니 우바새 우바이 국왕 왕자 군신 권속들 소전륜왕 대전륜왕 그의 칠보와 천자와 내외 권속들 그 궁전을 타고 함께 와서 법을 들으니, 이 보살들 설법을 잘하는 까닭에 바라문 거사 국내 백성들 그 목숨 다하도록 시중들며 공양을 하느니라.

또한 싱문 벽지불 보살 세눌께서 그들 보기 원하며, 그들이 머무르는 방면으로 제불이 그곳 향해서 설법하니, 모두 일체의 불법을 수지하며, 그들 또한 능히 미묘한 법음을 내느니라.

그때 세존께서 그 뜻을 거듭 밝히시려고 게송을 설하셨다.

이 사람 혀는 청정하여 결코 나쁜 맛
받아 들이지 않나니 그가 음식 먹으면
모두 다 감로로 변하느니라.

깊고 맑으며 뛰어난 음성으로 대중들
위해서 설법하며 인연과 비유로 중생심
인도하며, 듣는 이들 모두 기뻐하며 여러
뛰어난 공양을 올리며, 천룡 야차 아수라
모두 공경심으로 함께 와서 법을 듣느니라.

이 설법자가 만약 이 묘음으로 삼천세계
두루 들리게 하려면 곧 뜻대로 소리 들리게
되며, 대소 전륜왕과 천자 권속들 합장하고
공경한 마음으로 항상 와서 법을 듣고 수지
하느니라.

모든 천룡 야차 나찰 바사사 또한 환희심
으로 항상 와서 공양하기 좋아하며 범천왕
마왕 자재 대자재 이러한 천신들 항상 그곳에
오게 되며, 제불과 제자들 그 설법음을 듣고
항상 생각하고 수호하며 혹은 때때로 그 몸도
나투시느니라.

다시 상정진보살이여 만약 선남자 선여인 이 경전 수지·독송·해설·사경한다면 8백 몸의 공덕을 얻게 되리라. 청정한 몸을 얻음이 마치 맑은 유리와 같아 중생들이 보고 기뻐하리니, 그 몸이 맑은 까닭으로 삼천대천세계 중생의 태어날 때, 죽을 때, 뛰어남과 하열함, 미모와 추함, 선처와 악처에 태어나는 것, 모두 이 가운데에서 드러난다. 철위산·대철위산·미루산·대미루산 등 여러 산과 그 속의 중생들 다 이 가운데에서 드러나되, 아래로 아비지옥에 이르며, 위로 유정천에 이르며, 있는 것들과 중생들 모두 이 가운데 드러나니, 만약 성문·벽지불·보살·제불 설법하시면 모두 몸 가운데 그 모습 나타나리라.

그때 세존께서 그 뜻을 거듭 밝히시려고 게송을 설하셨다.

법화경 수지하는 이들 그 몸 매우 청정하여
마치 저 맑은 유리 같아서 중생들이 모두 보고

기뻐하며 또한 맑은 거울에 모든 모습이
보이는 것과 같이 보살들의 맑은 몸에
세상의 모든 존재들 보이며, 오직 혼자
스스로 알며 다른 사람들 볼 수 없느니라.

삼천세계 중의 일체 중생들인 천인 아수라
지옥 아귀 축생 이 같은 모든 모습들 모두
그 몸 속에 나타나며, 천신들 궁전 유정천
철위산 미루산 마하미루산 대해수 등 모두
그 몸 속에 나타나리라.

제불 성문 불자들 보살들 혼자 있거나
대중 속에 있거나, 설법함이 모두 나타
나며, 비록 무루의 법성 뛰어난 몸은
얻지 못했지만 이 청정한 몸 속에 항상
일체가 나타나리라.

다시 상정진보살이여 만약 어떤 선남자 선여인이 여래 멸후 이 경전을 수지 독송 해설 사경한다면 천 2백 마음의 공덕을 얻게 되리라. 이 청정의근으로 한 게송의 한 구절이라도 듣는다면 무량 무변한 뜻을 통달하리라. 그 뜻을 이해하고 능히 한 게송의 한 구절이라도 연

설하여 한 달이나 넉 달 그리고 일년에 이르며, 설법은 그 뜻에 따라 모두 실상의 도리에 서로 위배되지 않느니라. 만약 속세의 경서와 세상을 다스리는 말과 생업에 대해서 말하더라도 모두 정법에 따르며, 삼천대천세계 육도 중생의 마음속 생각, 마음속 움직임, 마음속 망상 모두 다 알게 되느니라. 비록 무루의 지혜는 얻지 못하였지만 마음 청정함이 이와같아서, 이 사람이 생각하고 헤아리고 하는 말들이 모두 불법이라 진실하며 과거세 부처님 경전에서 설한 것이니라. 그 때 세존께서 그 뜻을 거듭 밝히시려고 게송을 설하셨다.

이 사람 마음이 청정하고 명석하여 더러움
없으며 이 뛰어난 마음으로 상중하의 법 알며
하나의 게송을 듣더라도 무량한 이치 통달하며
차례로 여법히 설법하여 한 달, 넉 달, 일년에
이르느니라.

이 세계 내외의 일체 중생들 천룡 사람 야차
귀신 등 그 육도에 살면서 생각하는 온갖 것들
법화경을 수지하는 까닭에 일시에 모두 다
알게 되느니라.

시방의 무수한 부처님 백복을 두루 갖추신

모습으로 중생 위해서 설법하시니 모두 듣고
능히 수지하며, 무량한 뜻 생각하며 설법
또한 무량하며 내용 잊거나 착오 없으니
법화경 수지하는 까닭이니라.

모든 법의 모습 다 알며 뜻을 따라 차례를
이해하며 이름과 언어 통달하여 아는 바대로
설법하며, 이 사람 설법은 모두 이전 부처님
가르침이라 이 법을 설하는 까닭에 대중들을
두려워하지 않느니라.
법화경 수지하는 이들 마음 이와 같이 맑아
비록 무루법은 얻지 못하였지만, 이미 이런
모습은 갖추었느니라.

이 사람들 이 경 수지하기 때문에 뛰어난
경지에 안주하며 일체 중생들이 사랑하고
공경하리니, 능히 천만 가지의 뛰어난 언어로
분별하여 설법함은 법화경을 수지하기 때문
이니라.

강의 1강

부처님께서 상정진보살에게 만약 선남자 선여인이 있어, 법화경을 수지 독송 해설 사경한다면 이 사람들은 8백의 눈의 공덕, 천 2백 귀의 공덕, 8백 코의 공덕, 천 2백 혀의 공덕, 8백 몸의 공덕, 천 2백 마음의 공덕을 얻게 될 것이라 설한다. 이어서 청정한 육안을 얻어서 일체 중생, 그 업과 인연과보로 태어나는 모든 곳을 보고 알 수 있다고 설한다. 그리고 천 2백 귀의 공덕을 얻어서 이 청정한 귀로 삼천대천세계의 모든 소리를 듣게 된다.

그리고 청정한 코로 삼천대천세계의 모든 냄새를 맡아서 알게 된다고 밝힌다.

강의 2강

법화경을 수지 · 독송 · 해설 · 사경하는 중생들은 천 2백 혀의 공덕을 얻으니, 모든 맛이 하늘의 감로수와 같이 뛰어난 맛으로 변한다. 그리고 이 사람들 이 혀로 설법하게 되면 깊고 아름다운 목소리 나와서 중생들의 마음으로 그 음성 들어가 모두 환희와 즐거움을 주게 된다. 또한 무수한 중생들이 찾아와 설법 듣고 그 목숨 다하도록 시중들며 공양 올리게 된다.

8백 몸의 공덕 성취하여 맑은 유리와 같은 청정한 몸을 얻게 된다. 그 몸이 청정하기에 삼천대천세계 중생들의 모습을 그 몸속에서 모두 보게 된다.

여래 멸후 중생들이 법화경을 수지 독송 해설 사경하면 천 2백 마음의 공덕을 얻게 된다. 그리고 이 청정한 마음 때문에 법화경의 한 구절만 들어도 무량한 도리 통달하며, 그 도리 한 구절이라도 설한다면 모두 실상의 도리와 조금도 다르지 않게 된다. 삼천대천세계의 육도 중생들 마음속 행위, 동작, 분별을 모두 다 알며, 비록 아직 무루의 지혜는 얻지 못했다 하더라도 그 마음 청정하기 이와 같아 이 사람의 사유와 헤아림과 언설들 모두 부처님 가르침과 일치하여 모두 진실함을 설한다.

법사공덕품은 법화경을 다섯 가지로 수행하는 사람들이 몸과 마음으로 얻게 되는 무한한 공덕을 잘 설명하고 있다. 우리도 일상에서 법화경을 열심히 배우고 다라니 기도와 사경에 매진한다면 위와 같은 큰 공덕을 반드시 얻게 될 것이다.

제20 상불경보살품

범어로 Sadāparibhūta parivartaḥ인데 Sadā는 항상, 늘 등의 뜻이며, paribhūta는 경천(輕賤) 또는 멸시를 받는다는 뜻이며, parivartaḥ는 품을 의미한다. 곧 항상 천대나 멸시를 받는 보살의 행동에 대한 품으로 한역되었다.

부처님께서 득대세보살마하살에게 말씀하시되, 옛적 무량 무변 아승지겁 이전에 위음왕부처님 계실 때 상불경보살이 있었는데, 그는 사람들을 보기만 하면 항상 말하기를 "내 그대들을 깊이 존경해 업신여기지 아니합니다. 왜냐하면 그대들 모두 보살도를 행하여 부처님 되시기 때문입니다."라고 말하였다. 그래서 이름을 상불경(常不輕)보살이라 하였다. 그는 항상 사람들만 보면 이렇게 예배만 하였다. 처음에 그에게 욕하고 성내고 때리고 하던 증상만(아만심) 대중들도 그에게 귀의하여 설법을 듣고 마침내 모두 깨달음을 얻게 된다. 그 상불경보살이 바로 먼 과거 전생의 부처님이었다고 설하고 있다.

원문

1강 – 한문 경문

이시불고득대세보살마하살 여금당지 약비구비구니우
爾時佛告得大勢菩薩摩訶薩 汝今當知 若比丘比丘尼優

바새우바이 지법화경자 약유악구매리비방 획대죄보
婆塞優婆夷 持法花經者 若有惡口罵詈誹謗 獲大罪報

여전소설 기소득공덕 여향소설 안이비설신의청정
如前所説 其所得功德 如向所説 眼耳鼻舌身意清淨

득대세 내왕고석과무량무변불가사의 아승지겁 유불
得大勢 乃往古昔過無量無邊不可思議 阿僧祇劫 有佛

명위음왕여래응공정변지명행족선서세간해무상사조어
名威音王如來應供正遍知明行足善逝世間解無上士調御

장부천인사불세존 겁명이쇠 국명대성 기위음왕불
丈夫天人師佛世尊 劫名離衰 國名大成 其威音王佛

어피세중 위천인아수라설법 위구성문자 설응사제법
於彼世中 爲天人阿修羅説法 爲求聲聞者 説應四諦法

도생노병사구경열반 위구벽지불자 설응십이인연법
度生老病死究竟涅槃 爲求辟支佛者 説應十二因緣法

위제보살인아뇩다라삼먁삼보리 설응육바라밀법구경
爲諸菩薩因阿耨多羅三藐三菩提 説應六波羅蜜法究竟

불혜 득대세 시위음왕불 수사십만억나유타항하사겁
佛慧 得大勢 是威音王佛 壽四十萬億那由他恒河沙劫

정법주세겁수 여일염부제미진 상법주세겁수 여사천
正法住世劫數 如一閻浮提微塵 像法住世劫數 如四天

하미진 기불요익중생이 연후멸도 정법상법멸진지후
下微塵 其佛饒益衆生已 然後滅度 正法像法滅盡之後

어차국토부유불출 역호위음왕여래응공정변지명행족
於此國土復有佛出 亦號威音王如來應供正遍知明行足

선서세간해무상사조어장부천인사불세존 여시차제유
善逝世間解無上士調御丈夫天人師佛世尊 如是次第有

이만억불개동일호
二萬億佛皆同一號

최초위음왕여래 기이멸도 정법멸후어상법중 증상만
最初威音王如來 旣已滅度 正法滅後於像法中 增上慢

비구유대세력 이시유일보살비구 명상불경 득대세
比丘有大勢力 爾時有一菩薩比丘 名常不輕 得大勢

이하인연 명상불경 시비구범유소견 약비구비구니우
以何因緣 名常不輕 是比丘凡有所見 若比丘比丘尼優

바새우바이 개실예배찬탄 이작시언 아심경여등불감
婆塞優婆夷 皆悉禮拜讚歎 而作是言 我深敬汝等不敢

경만 소이자하 여등개행보살도당득작불 이시비구
輕慢 所以者何 汝等皆行菩薩道當得作佛 而是比丘

부전독송경전 단행예배 내지원견사중 역부고왕예배
不專讀誦經典 但行禮拜 乃至遠見四衆 亦復故往禮拜

찬탄이작시언 아불감경어여등 여등개당작불
讚歎 而作是言 我不敢輕於汝等 汝等皆當作佛

사중지중 유생진에심부정자 악구매리언 시무지비구
四衆之中 有生瞋恚心不淨者 惡口罵詈言 是無智比丘

종하소래자언아불경여이여아등수기당득작불 아등불
從何所來自言我不輕汝而與我等授記當得作佛 我等不

용여시허망수기 여차경력다년상피매리 불생진에상작
用如是虛妄授記 如此經歷多年常被罵詈 不生瞋恚常作

시언 여당작불설시어시 중인혹이장목와석이타척지
是言 汝當作佛說是語時 衆人或以杖木瓦石而打擲之

피주원주 유고성창언 아불감경어여등 여등개당작불
避走遠住 猶高聲唱言 我不敢輕於汝等 汝等皆當作佛

이기상작시어고 증상만비구비구니우바새우바이 호지
以其常作是語故 增上慢比丘比丘尼優婆塞優婆夷 號之

위상불경 시비구임욕종시 어허공중 구문위음왕불선
爲常不輕 是比丘臨欲終時 於虛空中 具聞威音王佛先

소설법화경 이십천만억게실능수지 즉득여상안근청정
所說法華經 二十千萬億偈悉能受持 卽得如上眼根清淨

이비설신의근청정 득시육근청정이 갱증수명이백만억
耳鼻舌身意根清淨 得是六根清淨已 更增壽命二百萬億

나유타세 광위인설시법화경 어시증상만사중 비구비
那由他歲 廣爲人說是法華經 於時增上慢四衆 比丘比

구니우바새우바이 경천시인 위작불경명자 견기득대
丘尼優婆塞優婆夷 輕賤是人 爲作不輕名者 見其得大

신통력요설변력대선적력 문기소설개신복수종 시보살
神通力樂說辯力大善寂力 聞其所說皆信伏隨從 是菩薩

부화천만억중영주아뇩다라삼막삼보리 명종지후득치
復化千萬億衆令住阿耨多羅三藐三菩提 命終之後得値

이천억불 개호일월등명 어기법중설시법화경 이시인
二千億佛 皆號日月燈明 於其法中說是法華經 以是因

연부치이천억불 동호운자재등왕 어차제불법중수지독
緣復値二千億佛 同號雲自在燈王 於此諸佛法中受持讀

송 위제사중설차경전고 득시상안청정이비설신의제근
誦 爲諸四衆說此經典故 得是常眼清淨耳鼻舌身意諸根

청정 어사중중설법심무소외 득대세 시상불경보살마
清淨 於四衆中說法心無所畏 得大勢 是常不輕菩薩摩

하살공양여시약간제불 공경존중찬탄종제선근 어후부
訶薩供養如是若干諸佛 恭敬尊重讚歎種諸善根 於後復

치천만억불 역어제불법중설시경전 공덕성취당득작불
値千萬億佛 亦於諸佛法中說是經典 功德成就當得作佛

득대세 어의운하 이시상불경보살 기이인호 즉아신
得大勢 於意云何 爾時常不輕菩薩 豈異人乎 則我身

시 약아어숙세 불수지독송차경 위타인설자불능질득
是 若我於宿世 不受持讀誦此經 爲他人說者不能疾得

아 뇩 다 라 삼 막 삼 보 리　아 어 선 불 소　수 지 독 송 차 경 위 인 설
阿耨多羅三藐三菩提　我於先佛所　受持讀誦此經爲人說

고　질 득 아 뇩 다 라 삼 막 삼 보 리
故　疾得阿耨多羅三藐三菩提

득 대 세　피 시 사 중 비 구 비 구 니 우 바 새 우 바 이　이 진 에 의 경
得大勢　彼時四衆比丘比丘尼優婆塞優婆夷　以瞋恚意輕

천 아 고　이 백 억 겁 상 불 치 불 불 문 법 불 견 승　천 겁 어 아 비 지
賤我故　二百億劫常不値佛不聞法不見僧　千劫於阿鼻地

옥 수 대 고 뇌　필 시 죄 이　부 우 상 불 경 보 살 교 화 아 뇩 다 라 삼
獄受大苦惱　畢是罪已　復遇常不輕菩薩敎化阿耨多羅三

막 삼 보 리　득 대 세　어 여 의 운 하　이 시 사 중 상 경 시 보 살 자
藐三菩提　得大勢　於汝意云何　爾時四衆常輕是菩薩者

개 이 인 호　금 차 회 중 발 다 바 라 등 오 백 보 살　사 자 월 등 오 백
豈異人乎　今此會中跋陀婆羅等五百菩薩　師子月等五百

비 구 니　사 불 등 오 백 우 바 새　기 어 아 뇩 다 라 삼 막 삼 보 리 불
比丘尼　思佛等五百優婆塞　皆於阿耨多羅三藐三菩提不

퇴 전 자 시　득 대 세　당 지 시 법 화 경　대 요 익 제 보 살 마 하 살
退轉者是　得大勢　當知是法華經　大饒益諸菩薩摩訶薩

능 령 지 어 아 뇩 다 라 삼 막 삼 보 리　시 고 제 보 살 마 하 살 어 여
能令至於阿耨多羅三藐三菩提　是故諸菩薩摩訶薩於如

래 멸 후 상 응 수 지 독 송 해 설 서 사 시 경　이 시 세 존　욕 중 선 차
來滅後常應受持讀誦解說書寫是經　爾時世尊　欲重宣此

의　이 설 게 언
義　而說偈言

원문

2강 - 한문 경문

과거유불 호위음왕 신지무량 장도일체
過去有佛 號威音王 神智無量 將導一切

천인용신 소공공양 시불멸후 법욕진시
天人龍神 所共供養 是佛滅後 法欲盡時

유일보살 명상불경 시제사중 계착어법
有一菩薩 名常不輕 時諸四衆 計著於法

불경보살 왕도기소 이어지언 아불경여
不輕菩薩 往到其所 而語之言 我不輕汝

여등행도 개당작불 제인문이 경훼매리
汝等行道 皆當作佛 諸人聞已 輕毁罵詈

불경보살 능인수지 기죄필이 임명종시
不輕菩薩 能忍受之 其罪畢已 臨命終時

득문차경 육근청정 신통력고 증익수명
得聞此經 六根淸淨 神通力故 增益壽命

부위제인 광설시경 제착법중 개몽보살
復爲諸人 廣説是經 諸著法衆 皆蒙菩薩

교화성취 영주불도 불경명종 치무수불
敎化成就 令住佛道 不輕命終 値無數佛

설시경고 득무량복 점구공덕 질성불도
説是經故 得無量福 漸具功德 疾成佛道

피시불경 즉아신시
彼時不輕 則我身是

시사부중 착법지자 문불경언 여당작불
時四部衆 著法之者 聞不輕言 汝當作佛

이시인연 치무수불 차회보살 오백지중
以是因緣 値無數佛 此會菩薩 五百之衆

병급사부 청신사녀 금어아전 청법자시
并及四部 淸信士女 今於我前 聽法者是

아어전세 권시제인 청수사경 제일지법
我於前世 勸是諸人 聽受斯經 第一之法

개시교인 영주열반 세세수지 여시경전
開示敎人 令住涅槃 世世受持 如是經典

억억만겁 지불가의 시내득문 시법화경
億億萬劫 至不可議 時乃得聞 是法華經

억억만겁 지불가의 제불세존 시설시경
億億萬劫 至不可議 諸佛世尊 時說是經

시고행자 어불멸후 문여시경 물생의혹
是故行者 於佛滅後 聞如是經 勿生疑惑

응당일심 광설차경 세세치불 질성불도
應當一心 廣說此經 世世値佛 疾成佛道

1강 - 한글 경문

그 때 부처님께서 득대세보살마하살에게 말씀하시되 "그대는 지금 마땅히 알라. 만약 비구 비구니 우바새 우바이 있어 법화경 수지하는 사람들을 욕하고 비방한다면 큰 죄의 과보를 받는 것이 앞에서 설한 바와 같고, 그 공덕을 얻음도 이전에 설한 바와 같아서 안 이 비 설 신 의 6근이 청정하게 되느니라."

득대세보살이여 옛날 무량 무변 불가사의 아승지겁 이전에 부처님 계시니 이름이 위음왕여래・응공・정변지・명행족・선서・세간해・무상사・조어장부・천인사・불세존이시니, 겁명은 이쇠(離衰)이며, 국명은 대성이었느니라. 그 위음왕불 저 세상에서 천인 아수라 위해서 설법하시되, 성문을 구하는 사람에게는 사제법을 설하여 생노병사를 건너 구경에 열반을 얻게 하고, 벽지불을 구하는 사람에게는 12인연법을 설하며, 모든 보살들 위해서는 아뇩다라삼막삼보리 때문에 6바라밀법 설해서, 마침내 불지혜를 얻게 하느니라.

득대세보살이여, 이 위음왕불 수명 40만억 나유타 항하사겁이며, 정법이 세상에 머무르는 겁의 수는 일 염부제의 미진과 같으며, 상법

이 세상에 머무르는 겁의 수는 사천하의 미진과 같아 그 부처님 중생들에게 이익을 주시고 나서 멸도 하시며 정법 상법이 다한 이후에 이 국토에 다시 부처님으로 오시니 또한 명호가 위음왕여래 · 응공 · 정변지 · 명행족 · 선서 · 세간해 · 무상사 · 조어장부 · 천인사 · 불세존이니라. 이렇게 차례로 2만억 부처님 오시니 모두 같은 이름이었느니라.

최초의 위음왕여래 이미 멸도하시고 정법 멸하고 상법중에 증상만 비구들 큰 세력을 가졌는데 이 때 보살비구 한 사람 있었으니 이름하여 상불경보살이었다. 득대세여 어떤 인연으로 이름을 상불경이라 하는가? 이 비구는 무릇 비구 · 비구니 · 우바새 · 우바이 등이 보이면 그들 모두에게 예배 찬탄하여 이렇게 말하기를 "나는 깊게 그대들을 공경하고 감히 가볍게 여기거나 거만하지 않습니다. 왜냐하면 그대들 모두 보살도를 행하여 마땅히 부처님 되시기 때문입니다." 이 비구 경전독송에 전념하는 것이 아니라 다만 예배를 행하여 멀리서 사부대중들을 보고 또한 다시 고의적으로 가서 예배 찬탄하며 이런 말을 하되 "나는 감히 그대들 가벼이 여기지 않는다. 그대들 모두 응당 부처가 되리라."

사부대중 가운데 화를 내고 마음 부정한 자들 있어 악한 말로 욕하기를 "이 무식한 비구야 어디에서 왔느냐?" 스스로 말하기를 "내가 당신들 업신여기지 않는다." 그리고 우리에게 수기를 주어 부처 되리라 하고 말하지만 우리는 이와같은 허망한 수기를 믿지 않는다.

이와 같이 여러 해가 지나도록 항상 욕을 먹어도 화를 내지 않고 항상 말하기를 "당신들 마땅히 부처가 되리라" 한다. 상불경보살이 이렇게 말하면 여러 사람들 몽둥이나 나무 기와조각이나 돌로 그를 때리고 던지고 하거늘, 먼 곳으로 도망가면서 고함을 지르되 "나는 감히 그대들을 업신여기지 않습니다. 당신들 모두 부처가 될것입니다." 그가 항상 이렇게 말하는 까닭으로 증상만 비구·비구니·우바새·우바이 등이 그의 이름 부르기를 상불경이라 한 것이다. 그 비구 목숨 마치려 할 때 허공에서 위음왕불이 일찍이 설하신 법화경의 20천만억 게송 듣고 모두 수지하니 곧 안근이 청정해지며 이 비 설 신 의근이 깨끗하여 육근 청정함을 얻고 나자 다시 수명이 2백만억 나유타 해 늘어나 널리 사람들 위해서 이 법화경을 설하느니라.

이 때 증상만 대중 비구·비구니·우바새·우바이가 이 사람을 업신여기고 천대하며 상불경이라 이름을 부르던 사람들이 그의 대신통력·요설변력·대선적력(지혜의 힘)을 보고 그의 설법을 듣고 모두 믿고 복종하여 따르더니, 이 보살 다시 천만억 대중 교화하고 아뇩다라삼막삼보리에 안주하게 하느니라.

목숨 마친 후에 2천억 부처님 만나니 모두 이름이 일월등명이라, 그 법 속에서 이 법화경 설하니 이 인연 때문에 다시 2천억 부처님 만나게 되며, 동일하게 명호가 운자재등왕으로 이 제불의 법 속에서 수지 독송하고 사부대중 위해서 이 경전 설하니 늘 이 눈의 청정함 귀 코 혀 몸 마음의 청정함 얻으며 대중들 속에서 설법하되 마음에 두려움 없었느니라.

득대세여, 이 상불경보살마하살은 이와 같이 무수한 제불 공양 공경 존중 찬탄하며 여러 선근을 심었기에 후에 다시 천만억 부처님 만나고 또한 모든 부처님의 법 속에서 이 경전 설하며 공덕을 성취하여 부처가 되었느니라.

득대세여 어떻게 생각하느냐? 이 때 상불경보살이 어찌 다른 사람이겠는가? 곧 내가 그 보살이었느니라. 만약 내가 숙세에 이 경전 수지 독송하여 다른 사람에게 설해주지 않았다면 아뇩다라삼막삼보리를 빠르게 얻을 수 없었을 것이며, 내가 과거세 부처님 처소에서 이 경전을 수지 독송하고 남을 위해서 설법한 까닭으로 빠르게 아뇩다라삼막삼보리(깨달음)를 얻었느니라.

득대세여, 저 때 비구・비구니・우바새・우바이 사부대중들 성내는 마음으로 나를 업신여긴 까닭에 2백억겁 동안에 늘 부처님 만나지 못하며, 불법을 듣지 못하고, 스님들 보지 못하며, 천겁 동안 아비지옥에서 큰 고통을 받고 이 죄가 다하면 다시 상불경보살이 아뇩다라삼막삼보리로 교화하는 것을 만나게 되느니라.

득대세여, 그대는 어떻게 생각하는가? 그 때 사부대중으로 늘 이 보살 업신여긴 사람이 어찌 다른 사람이겠는가? 지금 이 법회 가운데 발다바라 등 5백 보살들과 사자월 등 5백 비구니 사불 등 5백 우바새가 그들이니라. 모두 깨달음에서 불퇴전하는 자들이 이들이었느니라.

득대세여, 마땅히 알라. 이 법화경은 모든 보살마하살에게 큰 이익을 주며, 능히 깨달음에 이르게 하기 때문에 모든 보살마하살들이 여래 멸도 후에 이 경전을 항상 수지 독송 해설 사경해야 하느니라. 그때 세존께서 이 뜻을 거듭 밝히시려고 게송을 설하셨다.

2강 – 한글 경문

과거 부처님 계시니 명호 위음왕이라
신통력과 지혜 무량하여 장차 일체 천상
인간 용신들 인도하려 하며 모든 공양을
받느니라. 이 부처님 멸도 후에 법이 멸하려
할 때 한 보살 있으니 이름이 상불경보살이라
그 때 사부대중들 법에 집착하기에 상불경보살
그들 있는 곳으로 가서 그들에게 말하기를
"나는 그대들 가벼이 여기지 않는다. 그대들
불도 행하여 모두 부처가 되리라."

사람들 그 이야기 듣고 나서 멸시하고 욕하니
상불경보살 능히 그것을 참고 받아 들이며
그 죄가 다하여 목숨을 마치려 할 때 이 경
듣고 육근이 청정해지고, 신통력으로 수명이
길어져 다시 모든 사람들에게 이 경 두루

설하느니라.
법에 집착하는 대중들 모두 보살의 교화를
받고 성취하여 불도에 머물게 하느니라.
상불경 목숨 마치고 무수한 부처님 친견하며
이 경 설하기에 무량한 복 얻고, 점차 공덕
갖추고 빨리 불도를 성취하였느니라.

그 때의 상불경이 곧 나 자신이었고, 그 때
사부대중들 법에 집착한 사람들이 "그대들
부처되리라." 하는 상불경의 말을 듣고
그 인연으로 무수한 부처님 만나게 되니,
그 법회 보살들 5백 대중, 아울러 사부대중인
청신사 청신녀들 지금 내 앞에서 법을 듣는
사람들이 바로 그들이니라.

내가 전세에 이 사람들에게 권하여 이 경의
제일가는 법을 듣고 지니게 하며 사람들에게
열어 보이고 가르쳐 열반에 머물게 하였기에
세세에 이 경전 수지하게 하느니라.

억억만겁 불가사의 겁에 이르러 이에 법화경

듣게 되며, 억억만겁 불가사의 겁에야 비로소
제불세존 이 경 설하게 되니, 이런 까닭에
수행자들 불멸 후에 이 경 듣게 되면
의심하지 말며, 응당 일심으로 두루
이 경 설한다면 세세에 부처님 만나고
빨리 불도를 이루게 되리라.

강의 1강

상불경보살품은 상불경보살의 인연담에 대해서 이야기 하고 있다. 그는 항상 다른 사람에게 "나는 진심으로 당신을 업신여기지 않습니다. 당신들은 반드시 보살도를 행하여 부처가 될 것입니다." 라고 말하며, 항상 예배 · 공경 · 찬탄했기 때문에 이름을 항상 업신 여기지 않는 보살이란 의미의 상불경보살이라는 별명이 붙은 것이다. 그리고 위음왕여래 때의 그 보살이 바로 부처님의 과거 전생이었다고 설한다. 박해 속에서도 인내력을 가지고 법화경을 널리 펴며, 그를 경멸하던 사람들이 이 보살의 대신통력과 요설변재력과 대선정력을 보고 그 설법을 듣고 모두 복종하여 그를 따르게 된다. 그리고 상불경보살의 교화를 받고 깨달음의 경지에 머물게 된다.

강의 2강

게송 부분에서는 상불경보살이 법화경을 설하였기 때문에 무량한 복과 공덕을 얻게 되고 빨리 불도를 이루게 되었다고 설한다. 그리고 끝 부분에서 무수한 겁 동안 법화경 한 번 듣기 쉽지 않으며, 부처님도 무수한 겁 만에 이 경전 한 번 설하기 때문에 이 경전 들으면 의심치 말며, 일심으로 다른 사람들에게 이 경전 설한다면 세세에 부처님 만나게 되며, 불도를 빨리 성취하리라는 말씀으로 이 품이 끝난다.

제21 여래신력품

범어로 Tathāgata ṛddhi abhisaṃskāra parivartaḥ인데 Tathāgata는 여래를 뜻하며, ṛddhi는 신통력의 뜻이며, saṃskāra는 작용을 뜻하고 접두사 abhi는 접촉 또는 방향의 뜻인데 여기서는 강조의 의미이다. 그래서 여래신력품으로 한역되었다.

무수한 세계의 미진수 만큼 많은 지용보살들이 법화경을 수지하고 홍포하며 공양하겠다고 원력을 세운다. 그러자 부처님께서 문수사리 보살 등 무수한 대중들 앞에서, 대신통력을 나타내어 광장설(넓고 긴 혀)로 범천에까지 뻗치게 하고, 모든 털구멍에서 무량한 빛깔의 광명을 놓아 시방세계에 두루 비추게 한다. 석존과 분신불들이 일시에 기침하고 함께 손가락 튕기시니, 이 소리들이 시방 제불의 세계에 두루 들려, 그 땅들이 모두 여섯 가지로 진동한다. 그 때 부처님께서는 상행보살과 대중들에게 말씀하시되, 여래가 법화경 전법을 위촉하기 위해서 이러한 신통력으로 법화경의 공덕을 무량 무변 아승지겁 동안 설할지라도 오히려 그 공덕을 다 설할 수 없다고 말씀하신다.

원문

1강 – 한문 경문

이시천세계미진등보살마하살 종지용출자 개어불전일
爾時千世界微塵等菩薩摩訶薩 從地踊出者 皆於佛前一

심합장첨앙존안이백불언 세존 아등어불멸후 세존분
心合掌瞻仰尊顔而白佛言 世尊 我等於佛滅後 世尊分

신소재국토멸도지처 당광설차경 소이자하 아등역자
身所在國土滅度之處 當廣說此經 所以者何 我等亦自

욕득시진정대법 수지독송해설서사이공양지 이시세존
欲得是眞淨大法 受持讀誦解說書寫而供養之 爾時世尊

어문수사리등무량백천만억구주사바세계보살마하살
於文殊師利等無量百千萬億舊住娑婆世界菩薩摩訶薩

급제비구비구니우바새우바이 천룡야차건달바아수라
及諸比丘比丘尼優婆塞優婆夷 天龍夜叉乾闥婆阿修羅

가루라긴나라마후라가인비인등일체중전
迦樓羅緊那羅摩睺羅伽人非人等一切衆前

현대신력출광장설상지범천 일체모공방어무량무수색
現大神力出廣長舌上至梵天 一切毛孔放於無量無數色

광 개실변조시방세계 중보수하사자좌상제불역부여시
光 皆悉遍照十方世界 衆寶樹下師子座上諸佛亦復如是

출광장설방무량광 석가모니불급보수하제불 현신력시
出廣長舌放無量光 釋迦牟尼佛及寶樹下諸佛 現神力時

만백천세 연후환섭설상 일시경해구공탄지 시이음성
滿百千歲 然後還攝舌相 一時謦欬俱共彈指 是二音聲

변지시방제불세계 지개육종진동
遍至十方諸佛世界 地皆六種震動

기중중생 천룡야차건달바아수라가루라긴나라마후라
其中衆生 天龍夜叉乾闥婆阿修羅迦樓羅緊那羅摩睺羅

가인비인등 이불신력고 개견차사바세계무량무변백천
伽人非人等 以佛神力故 皆見此娑婆世界無量無邊百千

만억중보수하사자좌상제불 급견석가모니불공다보여
萬億衆寶樹下師子座上諸佛 及見釋迦牟尼佛共多寶如

래재보탑중좌사자좌 우견무량무변백천만억보살마하
來在寶塔中坐師子座 又見無量無邊百千萬億菩薩摩訶

살 급제사중공경위요석가모니불 기견시이 개대환희
薩 及諸四衆恭敬圍繞釋迦牟尼佛 旣見是已 皆大歡喜

득미증유 즉시제천어허공중고성창언 과차무량무변백
得未曾有 卽時諸天於虛空中高聲唱言 過此無量無邊百

천만억아승지세계 유국명사바 시중유불 명석가모니
千萬億阿僧祇世界 有國名娑婆 是中有佛 名釋迦牟尼

금위제보살마하살 설대승경 명묘법연화교보살법불소
今爲諸菩薩摩訶薩 說大乘經 名妙法蓮華敎菩薩法佛所

호념 여등당심심수희 역당예배공양석가모니불 피제
護念 汝等當深心隨喜 亦當禮拜供養釋迦牟尼佛 彼諸

중생문허공중성이 합장향사바세계 작여시언 나무석
衆生聞虛空中聲已 合掌向娑婆世界 作如是言 南無釋

가모니불 나무석가모니불 이종종화향영락번개급제엄
迦牟尼佛 南無釋迦牟尼佛 以種種華香瓔珞幡蓋及諸嚴

신지구진보묘물 개공요산사바세계 소산제물종시방래
身之具珍寶妙物 皆共遙散娑婆世界 所散諸物從十方來

비여운집변성보장 변부차간제불지상 우시시방세계통
譬如雲集變成寶帳 遍覆此間諸佛之上 于時十方世界通

달무애 여일불토 이시불고상행등보살대중 제불신력
達無礙 如一佛土 爾時佛告上行等菩薩大衆 諸佛神力

여시무량무변불가사의 약아이시신력 어무량무변백천
如是無量無邊不可思議 若我以是神力 於無量無邊百千

만억아승지겁 위촉루고설차경공덕 유불능진이요언지
萬億阿僧祇劫 爲囑累故説此經功德 猶不能盡以要言之

여래일체소유지법 여래일제사새신력 여래일체비요지
如來一切所有之法 如來一切自在神力 如來一切祕要之

장 여래일체심심지사 개어차경선시현설
藏 如來一切甚深之事 皆於此經宣示顯説

시고여등어여래멸후 응일심수지독송해설서사어설수
是故汝等於如來滅後 應一心受持讀誦解説書寫如説修

행 소재국토 약유수지독송해설서사여설수행 약경권
行 所在國土 若有受持讀誦解説書寫如説修行 若經卷

소주지처 약어원중 약어림중 약어수하 약어승방 약
所住之處 若於園中 若於林中 若於樹下 若於僧坊 若

백의사 약재전당 약산곡광야 시중개응기탑공양 소
白衣舍 若在殿堂 若山谷曠野 是中皆應起塔供養 所

이자하 당지시처즉시도량 제불어차득아뇩다라삼막삼
以者何 當知是處卽是道場 諸佛於此得阿耨多羅三藐三

보리 제불어차전우법륜 제불어차이반열반 이시세존
菩提 諸佛於此轉于法輪 諸佛於此而般涅槃 爾時世尊

욕중선차의 이설게언
欲重宣此義 而説偈言

제불구세자 주어대신통 위열중생고 현무량신력
諸佛救世者 住於大神通 爲悅衆生故 現無量神力

설상지범천 신방무수광 위구불도자 현차희유사
舌相至梵天 身放無數光 爲求佛道者 現此希有事

제불경해성 급탄지지성 주문시방국 지개육종동
諸佛謦欬聲 及彈指之聲 周聞十方國 地皆六種動

이불멸도후 능지시경고 제불개환희 현무량신력
以佛滅度後 能持是經故 諸佛皆歡喜 現無量神力

촉루시경고 찬미수지자 어무량겁중 유고불능진
囑累是經故 讚美受持者 於無量劫中 猶故不能盡

시인지공덕 무변무유궁 여시방허공 불가득변제

是人之功德 無邊無有窮 如十方虛空 不可得邊際

능지시경자 즉위이견아 역견다보불 급제분신자

能持是經者 則爲已見我 亦見多寶佛 及諸分身者

우견아금일 교화제보살 능지시경자 영아급분신

又見我今日 敎化諸菩薩 能持是經者 令我及分身

멸도다보불 일체개환희 시방현재불 병과거미래

滅度多寶佛 一切皆歡喜 十方現在佛 并過去未來

역견역공양 역령득환희 제불좌도량 소득비요법

亦見亦供養 亦令得歡喜 諸佛坐道場 所得祕要法

능지시경자 불구역당득 능지시경자 어제법지의

能持是經者 不久亦當得 能持是經者 於諸法之義

명자급언사 요설무궁진 여풍어공중 일체무장애

名字及言辭 樂説無窮盡 如風於空中 一切無障礙

어여래멸후 지불소설경 인연급차제 수의여실설

於如來滅後 知佛所説經 因緣及次第 隨義如實説

여일월광명 능제제유명 사인행세간 능멸중생암

如日月光明 能除諸幽冥 斯人行世間 能滅衆生闇

교무량보살 필경주일승 시고유지자 문차공덕리

敎無量菩薩 畢竟住一乘 是故有智者 聞此功德利

어아멸도후 응수지사경 시인어불도 결정무유의

於我滅度後 應受持斯經 是人於佛道 決定無有疑

해석

1강 – 한글 경문

그 때 천세계 미진과 같이 많은 보살마하살들 땅에서 올라온 사람들 모두 부처님 앞에서 일심으로 합장하고 세존을 우러러보며 말하되 "세존이시여, 저희들 불멸 후에 세존 분신이 있는 국토인 멸도한 그곳에서 마땅히 이 경을 널리 설하겠나이다. 왜냐하면 저희들 또한 스스로 이 참된 청정한 큰 법을 얻기 바라며 수지 독송 해설 사경 공경하기 원합니다."

그 때 세존께서 문수사리 등 무량 백천억 옛날부터 사바세계에 머무르는 보살마하살들과 비구 비구니 우바새 우바이 천룡 야차 건달바 아수라 가루라 긴나라 마후라가 인비인 등 일체 대중 앞에서, 대신통력을 나타내어 광장설로 범천에까지 도달하며, 일체 모공에서 무량 무수한 색깔의 빛을 놓아 시방세계를 모두 다 비추었다. 모든 보배나무 아래 사자좌 위에 계시는 제불도 또한 이와 같아 광장설을 내시며 무량광을 놓으신다. 석가모니불과 보배나무 아래의 제불이 신통력을 나타낼 때, 백천년이 찬 다음에 도로 혀를 거두시고, 일시에 기침을 하시고, 함께 손가락 튕기시니, 이 두 가지 소리가 시방제불세계에 두루 미치어, 대지가 모두 여섯 가지로 진동하느니라.

그 속의 대중들인 천룡 야차 건달바 아수라 가루라 긴나라 마후라가 인비인 등이 부처님 신통력 때문에, 모두 사바세계 무량 무변 백천만억 보배나무 아래 사자좌 위의 제불을 친견하며 석가모니불과 함께 다보여래가 보탑의 사자좌에 앉아 있는 것을 친견하며, 또한 무량 무변 백천만억 보살마하살들과 사부대중들 부처님 주위로 공경히 둘러 싸고 있는 것을 보며, 이미 이것을 보고나서 모두 일찍이 없던 큰 기쁨을 얻게 되었느니라. 즉시 천신들 허공에서 큰 소리로 말하기를 "이 무량 무변 백천만억 아승지 세계를 지나 국토가 있으니 이름이 사바이며, 그곳에 부처님 있으니 이름이 석가모니불이니라. 지금 보살마하살들 위해서 대승경을 설하니 이름이 묘법연화경이며 보살들 가르치는 법이며 부처님 보호와 가피력을 받는 바라. 그대들 마땅히 진심으로 기뻐하고 또한 석가모니불을 예배하고 공양해야 하느니라." 저 중생들 허공에서 나는 소리를 듣고 나서, 사바세계를 향해서 합장하고 이와 같이 말하기를 "나무석가모니불! 나무석가모니불!" 온갖 꽃 향 영락 번개(幡蓋) 모든 장신구, 진기한 보물, 뛰어난 물건들을 모두 멀리서 사바세계에 뿌리니, 흩어진 물건들 시방에서 오는데 비유하자면 마치 구름이 모여서 보배의 장막으로 변하고 모든 부처님 위를 두루 덮는 것과 같았고, 그 때 시방세계가 서로 통하여 막힘이 없어 마치 하나의 불국토와 같이 되었느니라.

이 때 부처님께서 상행보살 등 대중들에게 말씀하시되 "제불의 신통력이 이와 같이 무량 무변 불가사의하나 내가 이 신통력으로 무량 무변 아승지겁 동안에 법화경 선법을 위촉하기 위해서 이 경전 공덕을 설하지만 오히려 다 설할 수 없느니라. 요약하자면 여래의 일체 가지고 있는 법, 여래의 일체 자재 신통력, 여래의 일체 비밀스럽고 중요한 가르침, 여래의 일체 심오한 일 등을 모두 이 경전에서 펼쳐 보이고 드러내 설하는 것이니라.

이런 까닭에 그대들은 여래 멸도 후에 응당 일심으로 수지 독송 해설 사경하여 설한 바대로 수행해야 하느니라. 국토의 어디에 있든 만약 수지 독송 해설 사경하되 설한 대로 수행하는 사람 있거나 경전이 있는 곳이라면 동산이거나 숲이거나, 나무 아래거나 승방이거나, 재가자의 집이거나, 전당에 머물거나, 산 계곡 광야거나, 이곳이 어디든 모두 탑을 세워 공양을 해야 하느니라. 왜냐하면 마땅히 알라. 이곳이 곧 도량이며 제불이 여기서 깨달음을 얻었고, 제불이 여기서 법륜을 굴리며, 제불이 여기서 열반에 들기 때문이니라." 그 때 세존께서 그 뜻을 거듭 밝히시려고 게송을 설하셨다.

제불은 세상을 구하는 분으로 중생들에게
기쁨 주기 위해서 무량한 신통력을 보이며
혀는 범천에 이르며 몸에는 무수한 광명
놓으며, 불도 구하는 사람들 위해서 이 같은
희유한 일을 보이며 제불의 기침소리와 손가락

튕기는 소리 두루 시방국토에 들리며 땅은 모두
여섯 종류로 진동하느니라.

불 멸도 후에 이 경을 능히 수지하기에 제불
모두 기뻐하며 무량한 신통력 보이며 이 경
위촉하기 위해서 수지자들을 찬미하여도 무량겁
동안에 오히려 다할 수 없으며 이 사람들 공덕
끝이 없는 것이 마치 시방의 허공 그 끝을
알 수 없는 것과 같느니라.

이 경 수지하는 사람들 곧 이미 나를 보았고
또한 다보불과 분신불들 친견하게 되며, 또한
내가 오늘 모든 보살들 교화함을 보며, 이 경
능히 수지하는 사람들은 나와 분신불과 멸도한
다보불 모두 다 환희케 하느니라.
시방의 현재불 과거불 미래불 친견 공양하여
또한 기쁨을 드리며, 제불 도량에 앉아 얻은
비밀스럽고 중요한 법을 이 경 수지하는 사람들이
오래지 않아 또한 얻게 되리라.

이 경 수지하는 사람들 제법의 도리 이름 언사

설법하되 다함이 없느니라. 마치 바람이 허공에서 일체의 장애가 없는 것과 같이 여래 멸도 후에 부처님 설한 경전의 인연과 차례 알며, 도리 따라 여실히 설하니, 마치 일월의 광명이 능히 모든 어둠을 제거하듯이 이 사람들 세상에 다니며 능히 중생들의 무명을 없애느니라.

무량한 보살들 가르쳐 필경에 일승에 안주하게 하며, 이런 까닭에 지혜자는 이 공덕의 이익을 듣고 내 멸도 후에 응당 이 경 수지하며 이 사람들 불도에 결정코 의심이 없느니라.

강의 1강

여래신력품은 여래의 신통력에 대해서 밝히고 있기 때문에 붙은 품명이다. 혀는 광장설이 되어 하늘 높이 범천까지 도달하며, 몸의 털구멍마다 빛이 나와서 시방세계를 두루 비추고, 기침과 손가락 튕기는 소리로 인해서 온 세상이 모두 여섯 가지로 진동하게 된다. 이와 같이 여래의 신통력은 불가사의하다. 여래가 이러한 신통력으로 법화경의 포교를 위해서 무량한 세월동안 이 경의 공덕을 설한다. 법화경 속에는 여래의 일체법, 여래의 자재신통력, 여래의 비밀한 법, 여래의 깊은 불사가 모두 다 있다고 밝힌다. 그리고 법화경을 수지하는 사람들은 바람이 허공에 걸리지 않듯이 이 경을 진실대로 설하며, 일월의 빛이 모든 어둠을 없애듯이 중생들의 무명을 모두 없앨 것이라 설법한다.

여래의 신통력은 불가사의하며, 우리들이 법화경을 열심히 배우고 그 가르침대로 수행할 때 무한한 공덕과 이익이 생기며, 수행의 경지에 따라서 신통력도 생겨날 것이다.

제22 촉루품

범어로 Anuparīndanā parivartaḥ인데, parīndanā는 부촉 혹은 촉루의 뜻인데, 여기서 Anu는 접두어로 수행이나 근접(after, along)을 뜻하며 부촉이나 촉루의 뜻을 강조하는 역할을 한다. 곧 Anuparīndanā는 부촉(촉루) 혹은 위임의 뜻이며, parivartaḥ는 품을 의미한다. 그래서 한역에서는 촉루품으로 번역되었다.

석가모니불이 자리에서 일어나 대신통력을 나타내어, 오른손으로 무량한 보살들의 머리를 쓰다듬으시고, 법화경의 전법을 위촉한다. 그러자 모든 보살마하살들이 세존의 분부대로 받들어 행하겠다고 맹세한다. 그리고 석가모니불이 모든 분신불과 다보불께 본래의 장소로 편안하게 돌아갈 것을 권한다.

원문

1강 – 한문 경문

이시석가모니불 종법좌기현대신력 이우수마무량보살
爾時釋迦牟尼佛 從法座起現大神力 以右手摩無量菩薩

마하살정 이작시언 아어무량백천만억아승지겁 수습
摩訶薩頂 而作是言 我於無量百千萬億阿僧祇劫 修習

시난득아뇩다라삼막삼보리법 금이부촉여등 여등 응
是難得阿耨多羅三藐三菩提法 今以付囑汝等 汝等 應

당일심 유포차법 광령증익 여시삼마제보살마하살정
當一心 流布此法 廣令增益 如是三摩諸菩薩摩訶薩頂

이작시언 아어무량백천만억아승지겁 수습시난득아뇩
而作是言 我於無量百千萬億阿僧祇劫 修習是難得阿耨

다라삼막삼보리법 금이부촉여등 여등당수지독송광선
多羅三藐三菩提法 今以付囑汝等 汝等當受持讀誦廣宣

차법 영일체중생보득문지 소이자하 여래유대자비
此法 令一切衆生普得聞知 所以者何 如來有大慈悲

무제간린역무소외 능여중생불지지혜여래지혜자연지
無諸慳悋亦無所畏 能與衆生佛之智慧如來智慧自然智

혜 여래시일체중생지대시주 여등역응수학여래지법
慧 如來是一切衆生之大施主 汝等亦應隨學如來之法

물생간린 어미래세 약유선남자선여인 신여래지혜자
勿生慳悋 於未來世 若有善男子善女人 信如來智慧者

당위연설차법화경사득문지 위령기인득불혜고 약유중
當爲演說此法華經使得聞知 爲令其人得佛慧故 若有衆

생불신수자 당어여래여심법중시교이희 여등약능여시
生不信受者 當於如來餘深法中示教利喜 汝等若能如是

즉위이보제불지은
則爲已報諸佛之恩

시제보살마하살 문불작시설이 개대환희변만기신 익
時諸菩薩摩訶薩 聞佛作是說已 皆大歡喜遍滿其身 益

가공경곡궁저두 합장향불구발성언 여세존칙당구봉행
加恭敬曲躬低頭 合掌向佛俱發聲言 如世尊敕當具奉行

유연세존 원불유려 제보살마하살중 여시삼번구발성
唯然世尊 願不有慮 諸菩薩摩訶薩衆 如是三反俱發聲

언 여세존칙당구봉행 유연세존 원불유려 이시석가
言 如世尊敕當具奉行 唯然世尊 願不有慮 爾時釋迦

모니불 영시방래제분신불각환본토 이작시언 제불각
牟尼佛 令十方來諸分身佛各還本土 而作是言 諸佛各

수소안 다보불탑환가여고 설시어시 시방무량분신제
隨所安 多寶佛塔還可如故 說是語時 十方無量分身諸

불 좌보수하사자좌상자 급다보불 병상행등무변아승
佛 坐寶樹下師子座上者 及多寶佛 并上行等無邊阿僧

지보살대중 사리불등성문사중 급일체세간천인아수라
祇菩薩大衆 舍利弗等聲聞四衆 及一切世間天人阿修羅

등 문불소설 개대환희
等 聞佛所說 皆大歡喜

해석

1강 – 한글 경문

이 때 석가모니불 자리에서 일어나 대신통력을 펴시어 오른손으로 무량 보살마하살의 이마를 만지시고 이렇게 말씀하시되 "나는 무량 백천만억 아승지겁 동안 얻기 어려운 아뇩다라삼막삼보리를 닦았고 지금 그대들에게 법화경의 홍법을 부촉(위임)하느니, 그대들은 응당 일심으로 이 법을 유포하여 널리 펼쳐나가라." 이렇게 보살마하살들의 이마를 세 번 만지시고 이런 말씀을 하시되 "나는 무량 백천만억 아승지겁 동안 이 얻기 어려운 아뇩다라삼막삼보리법을 닦고 익혀 지금 그대들에게 부촉하나니, 그대들은 마땅히 수지 독송하고 두루 이 법을 펼쳐 일체 중생들으로 하여금 듣고 알게 하라.

왜냐하면 여래는 대자비가 있어 아끼지 않으며 또한 두려워하지 않으며 능히 중생들에게 불지혜를 주며, 여래 지혜를 주며, 자연지혜(불지혜)를 주느니라. 여래는 일체 중생의 대시주이며, 그대들은 응당 여래의 법을 따라서 배우되 인색한 마음을 내지 말라. 미래세에 만약 선남자 선여인이 여래의 지혜를 믿는 사람 있거든 마땅히 이 법화경 연설하여 듣고 알게 하여 그 사람들 불지혜 얻도록 해야 하느니라. 만약 중생들 불신하여 수지하지 않는 사람 있으면 마땅히 여래의 다른 깊은 법으로 가르침 보이며, 가르치며, 이익 주며, 기쁘게 해 주어야 하나니, 그대들 만약 능히 이와 같이 한다면 곧 제불의 은혜에 보답하는 것이 되느니라."

이 때 모든 보살마하살이 부처님의 이와 같은 설법을 듣고 나서, 모두 대환희심으로 그 몸을 두루 채우고, 더욱 공경해 몸 굽히고 머리 숙여, 합장해 부처님을 향하여 함께 소리내어 말하되 "세존의 분부대로 그 모두 받들어 행하겠습니다. 그러니 세존이시여 원컨대 염려하지 마시옵소서." 모든 보살마하살 대중들 이와 같이 세 번 함께 소리내어 말하기를 "세존의 가르침 대로 봉행할 것이니 오직 세존이시여 원컨대 염려하지 마소서!"

그 때 석가모니불께서 시방에서 온 모든 분신불 각기 본토로 돌아가게 하려고 이렇게 말씀하시되 "부처님들은 각기 편안한 바 대로 가시고, 다보불탑은 예전처럼 돌아가시기 바랍니다."

이런 말씀을 하실 때에 시방의 무량분신 제불들인 보배나무 아래 사자좌에 앉아 있는 분들과 다보불과 더불어 상행 등 아승지 보살대중들과 사리불 등 성문 대중들과 일체 세상의 천상 · 인간 · 아수라 등이 부처님의 말씀을 듣고 모두 큰 기쁨을 얻었느니라.

강의 1강

촉루(囑累)는 위촉(委囑) 또는 부촉(付囑)의 뜻이다. 곧 맡기고 부탁한다는 뜻이다. 모든 보살마하살들에게 부처님의 대신통력으로 그들의 이마를 만지시며, 부처님께서 한량없는 오랜 세월동안 아뇩다라삼막삼보리법 익히고 닦았으니 이제부터는 여기에 모인 대중들에게 법화경의 전법을 맡기고 부탁한다. 그러자 모든 대중들이 세존의 분부대로 그 가르침 받들어 행하겠다고 부처님 앞에서 맹세를 하고 있다. 이 품의 내용은 마치 아함경에 나오는 야사와 그의 친구 60명이 부처님의 가르침을 듣고 깨달음을 얻게 되자, 부처님께서 세상 사람들의 이익과 행복을 위하여 전법을 부탁하는 '전도 선언'의 장면을 보는 듯하다. 불제자들이 수행을 하여 깨달음을 얻는 것과 그것을 세상에 전하는 것은 똑같은 중요성과 가치를 가진다는 것이 법화경에서 말하는 진정한 일불승의 실천이자 하얀 연꽃에 비유되는 보살행이다.

그리고 여래는 자신의 지혜를 중생들에게 얻게 하는 대시주이며, 중생들이 열심히 법화경을 다른 사람들에게 전달하여 지혜를 얻게 한다면 곧 부처님의 은혜에 보답하는 것이라 설한다. 촉루품이라는 품명에서도 알 수 있듯이 법화경의 전법을 강조하고 있다.

제23 약왕보살본사품

범어로 Bhaiṣajyarāja Pūrva yoga parivartaḥ인데, Bhaiṣajya는 약 또는 양약이나 약초를 뜻하며, rāja는 왕을 의미한다. 곧 Bhaiṣaj-yarāja는 약왕을 뜻하며, Pūrva는 전생을 뜻하며 yoga는 행위를 의미한다. 그래서 Pūrva yoga는 전생담이나 본사(本事)의 의미이며, pari-vartaḥ는 품을 뜻한다. 곧 약왕보살의 전생담을 설하는 품으로 약왕보살본사품으로 번역되었다.

수왕화보살이 부처님께 약왕보살이 왜 사바세계에 다니는지, 약왕보살이 얼마만큼 긴 세월동안 행하기 어려운 고행을 하였는지 여쭙는다. 이에 부처님께서는 아득히 먼 옛날 일월정명덕여래 계시던 시절 일체중생희견보살이 있었는데, 법화경 설법을 듣고 오랜 세월동안 수행하여 마침내 현일체색신삼매를 성취하였다. 그리고 그 고마움으로 인해서 소신공양을 하게 된다. 그 후에 일월정명덕여래 계신 곳에 다시 태어나서 친견하니, 그 부처님 곧 열반에 들 때가 되었다고 말씀하시며, 일체중생희견보살에게 불법을 자신을 대신해서 펼칠 것을 부촉한다. 그리고 식가모니불이 수왕화보살에게 이르시되, 일체중생희견보살이 바로 지금의 약왕보살이라 하신다. 그리고 어떤 여인이 있어 불 멸후 법화경 설한대로 수행하면 아미타불의 안락세계에 가서 연꽃의 보배 자리 위에 태어나리라고 설하신다.

원문

1강 – 한문 경문

이시수왕화보살백불언 세존 약왕보살 운하유어사바
爾時宿王華菩薩白佛言 世尊 藥王菩薩 云何遊於娑婆

세계 세존 시약왕보살 유약간백천만억나유타난행고
世界 世尊 是藥王菩薩 有若干百千萬億那由他難行苦

행 선재세존 원소해설 제천룡야차건달바아수라가루
行 善哉世尊 願少解說 諸天龍夜叉乾闥婆阿修羅迦樓

라긴나라마후라가인비인등 우타국토 제래보살 급차
羅緊那羅摩睺羅伽人非人等 又他國土 諸來菩薩 及此

성문중 문개환희
聲聞衆 聞皆歡喜

이시불고수왕화보살 내왕과거무량항하사겁유불 호일
爾時佛告宿王華菩薩 乃往過去無量恒河沙劫有佛 號日

월정명덕여래응공정변지명행족선서세간해무상사조어
月淨明德如來應供正遍知明行足善逝世間解無上士調御

장부천인사불세존 기불유팔십억대보살마하살 칠십이
丈夫天人師佛世尊 其佛有八十億大菩薩摩訶薩 七十二

항하사대성문중 불수사만이천겁보살수명역등 피국무
恒河沙大聲聞衆 佛壽四萬二千劫菩薩壽命亦等 彼國無

유여인지옥아귀축생아수라등급이제난 지평여장유리
有女人地獄餓鬼畜生阿修羅等及以諸難 地平如掌琉璃

소성 보수장엄 보장부상 수보화번 보병향로주변국
所成 寶樹莊嚴 寶帳覆上 垂寶華幡 寶瓶香爐周遍國

계 칠보위대 일수일대 기수거대진일전도 차제보수

界 七寶爲臺 一樹一臺 其樹去臺盡一箭道 此諸寶樹

개유보살성문이좌기하 제보대상 각유백억제천작천기

皆有菩薩聲聞而坐其下 諸寶臺上 各有百億諸天作天伎

악 가탄어불이위공양

樂 歌歎於佛以爲供養

이시피불 위일체중생희견보살급중보살제성문중 설법

爾時彼佛 爲一切衆生喜見菩薩及衆菩薩諸聲聞衆 說法

화경시일체중생희견보살요습고행 어일월정명덕불법

華經是一切衆生喜見菩薩樂習苦行 於日月淨明德佛法

중 정진경행일심구불 만만이천세이 득현일체색신삼

中 精進經行一心求佛 滿萬二千歲已 得現一切色身三

매 득차삼매이심대환희 즉작념언 아득현일체색신삼

昧 得此三昧已心大歡喜 卽作念言 我得現一切色身三

매 개시득문법화경력 아금당공양일월정명덕불급법화

昧 皆是得聞法華經力 我今當供養日月淨明德佛及法華

경즉시입시삼매 어허공중우만다라화마하만다라화 세

經卽時入是三昧 於虛空中雨曼陀羅華摩訶曼陀羅華 細

말견흑전단 만허공중여운이하 우우해차안전단지향차

末堅黑栴檀 滿虛空中如雲而下 又雨海此岸栴檀之香此

향육수 가직사바세계 이공양불 작시공양이 종삼매

香六銖 價直娑婆世界 以供養佛 作是供養已 從三昧

기 이자념언 아수이신력공양어불 불여이신공양 즉

起 而自念言 我雖以神力供養於佛 不如以身供養 卽

복제향 전단 훈륙 도루바 필력가 침수 교향 우음

服諸香 栴檀 薰陸 兜樓婆 畢力迦 沈水 膠香 又飮

첨복제화향유 만천이백세이 향유도신 어일월정명덕

瞻蔔諸華香油 滿千二百歲已 香油塗身 於日月淨明德

불전 이천보의이자전신 관제향유 이신통력원 이자

佛前 以天寶衣而自纏身 灌諸香油 以神通力願 而自

연신 광명변조팔십억항하사세계 기중제불동시찬언

然身 光明遍照八十億恒河沙世界 其中諸佛同時讚言

선재선재 선남자 시진정진 시명진법공양여래 약이
善哉善哉 善男子 是眞精進 是名眞法供養如來 若以
화향영락소향말향도향천증번개급해차안전단지향 여
華香瓔珞燒香末香塗香天繒幡蓋及海此岸栴檀之香 如
시등종종제물공양 소불능급 가사국성처자보시역소불
是等種種諸物供養 所不能及 假使國城妻子布施亦所不
급 선남자 시명제일지시 어제시중최존최상 이법공
及 善男子 是名第一之施 於諸施中最尊最上 以法供
양제여래고 작시어이이각묵연 기신화연천이백세 과
養諸如來故 作是語已而各默然 其身火燃千二百歲 過
시이후기신내진 일체중생희견보살 작여시법공양이
是已後其身乃盡 一切衆生喜見菩薩 作如是法供養已
명종지후 부생일월정명덕불국중 어정덕왕가 결가부
命終之後 復生日月淨明德佛國中 於淨德王家 結加趺
좌홀연화생 즉위기부 이설게언
坐忽然化生 卽爲其父 而說偈言

대왕금당지 아경행피처 즉시득일체 현제신삼매
大王今當知 我經行彼處 卽時得一切 現諸身三昧
근행대정진 사소애지신 공양어세존 위구무상혜
勲行大精進 捨所愛之身 供養於世尊 爲求無上慧

설시게이 이백부언 일월정명덕불 금고현재 아선공
說是偈已 而白父言 日月淨明德佛 今故現在 我先供
양불이 득해일체중생어언다라니 부문시법화경 팔백
養佛已 得解一切衆生語言陀羅尼 復聞是法華經 八百
천만억나유타 견가라 빈바라 아촉바등게 대왕 아
千萬億那由他 甄迦羅 頻婆羅 阿閦婆等偈 大王 我
금당환공양차불 백이즉좌칠보지대 상승허공고칠다라
今當還供養此佛 白已卽坐七寶之臺 上昇虛空高七多羅

수　왕도불소두면예족합십지조　이게찬불
樹　往到佛所頭面禮足合十指爪　以偈讚佛

용안심기묘　광명조시방　아적증공양　금부환친근
容顏甚奇妙　光明照十方　我適曾供養　今復還親覲

이시일체중생희견보살　설시게이　이백불언　세존　세
爾時一切衆生喜見菩薩　說是偈已　而白佛言　世尊　世
존유고재세　이시일월정명덕불고일체중생희견보살　선
尊猶故在世　爾時日月淨明德佛告一切衆生喜見菩薩　善
남자　아열반시도　멸진시지　여가안시상좌　아어금야
男子　我涅槃時到　滅盡時至　汝可安施床座　我於今夜
당반열반　우칙일체중생희견보살　선남자　아이불법촉
當般涅槃　又敕一切衆生喜見菩薩　善男子　我以佛法囑
루어여　급제보살대제자　병아뇩다라삼막삼보리법　역
累於汝　及諸菩薩大弟子　并阿耨多羅三藐三菩提法　亦
이삼천대천칠보세계　제보수보대　급급시제천　실부어
以三千大千七寶世界　諸寶樹寶臺　及給侍諸天　悉付於
여　아멸도후소유사리　역부촉여　당령유포광설공양
汝　我滅度後所有舍利　亦付囑汝　當令流布廣設供養
응기약간천탑　여시일월정명덕불　칙일체중생희견보살
應起若干千塔　如是日月淨明德佛　敕一切衆生喜見菩薩
이　어야후분입어열반　이시일체중생희견보살　견불멸
已　於夜後分入於涅槃　爾時一切衆生喜見菩薩　見佛滅
도비감오뇌연모어불　즉이해차안전단위적　공양불신
度悲感懊惱戀慕於佛　卽以海此岸栴檀爲積　供養佛身
이이소지　화멸이후　수취사리　작팔만사천보병　이기
而以燒之　火滅已後　收取舍利　作八萬四千寶甁　以起
팔만사천탑　고삼세계　표찰장엄　수제번개현중보령
八萬四千塔　高三世界　表刹莊嚴　垂諸幡蓋懸衆寶鈴

이 시 일 체 중 생 희 견 보 살　부 자 념 언　아 수 작 시 공 양 심 유 미
爾時一切衆生喜見菩薩　復自念言　我雖作是供養心猶未

족　아 금 당 갱 공 양 사 리　변 어 제 보 살 대 제 자　급 천 룡 야 차
足　我今當更供養舍利　便語諸菩薩大弟子　及天龍夜叉

등 일 체 대 중　여 등 당 일 심 념　아 금 공 양 일 월 정 명 덕 불 사 리
等一切大衆　汝等當一心念　我今供養日月淨明德佛舍利

작 시 어 이　즉 어 팔 만 사 천 탑 전　연 백 복 장 엄 비　칠 만 이 천
作是語已　卽於八萬四千塔前　然百福莊嚴臂　七萬二千

세 이 이 공 양　영 무 수 구 성 문 중 무 량 아 승 지 인 발 아 뇩 다 라
歲而以供養　令無數求聲聞衆無量阿僧祇人發阿耨多羅

삼 막 삼 보 리 심　개 사 득 주 현 일 체 색 신 삼 매
三藐三菩提心　皆使得住現一切色身三昧

원문

2강 – 한문 경문

이 시 제 보 살 천 인 아 수 라 등　견 기 무 비 우 뇌 비 애　이 작 시 언

爾時諸菩薩天人阿修羅等　見其無臂憂惱悲哀　而作是言

차 일 체 중 생 희 견 보 살　시 아 등 사　교 화 아 자　이 금 소 비 신

此一切衆生喜見菩薩　是我等師　教化我者　而今燒臂身

불 구 족　우 시 일 체 중 생 희 견 보 살　어 대 중 중 입 차 서 언　아

不具足　于時一切衆生喜見菩薩　於大衆中立此誓言　我

사 양 비　필 당 득 불 금 색 지 신　약 실 불 허　영 아 양 비 환 복 여

捨兩臂　必當得佛金色之身　若實不虛　令我兩臂還復如

고　작 시 서 이 자 연 환 복　유 사 보 살 복 덕 지 혜 순 후 소 치　당

故　作是誓已自然還復　由斯菩薩福德智慧淳厚所致　當

이 지 시　삼 천 대 천 세 계 육 종 진 동　천 우 보 화　일 체 인 천 득

爾之時　三千大千世界六種震動　天雨寶華　一切人天得

미 증 유　불 고 수 왕 화 보 살　어 여 의 운 하　일 체 중 생 희 견 보

未曾有　佛告宿王華菩薩　於汝意云何　一切衆生喜見菩

살　기 이 인 호　금 약 왕 보 살 시 야　기 소 사 신 보 시　여 시 무

薩　豈異人乎　今藥王菩薩是也　其所捨身布施　如是無

량 백 천 만 억 나 유 타 수

量百千萬億那由他數

수 왕 화　약 유 발 심 욕 득 아 뇩 다 라 삼 막 삼 보 리 자　능 연 수 지

宿王華　若有發心欲得阿耨多羅三藐三菩提者　能燃手指

내 지 족 일 지 공 양 불 탑　승 이 국 성 처 자 급 삼 천 대 천 국 토 산

乃至足一指供養佛塔　勝以國城妻子及三千大千國土山

림 하 지 제 진 보 물 이 공 양 자
林河池諸珍寶物而供養者

약 부 유 인　이 칠 보 만 삼 천 대 천 세 계　공 양 어 불 급 대 보 살 벽
若復有人　以七寶滿三千大千世界　供養於佛及大菩薩辟

지 불 아 라 한　시 인 소 득 공 덕　불 여 수 지 차 법 화 경　내 지 일
支佛阿羅漢　是人所得功德　不如受持此法華經　乃至一

사 구 게 기 복 최 다　수 왕 화　비 여 일 체 천 류 강 하 제 수 지 중
四句偈其福最多　宿王華　譬如一切川流江河諸水之中

해 위 제 일　차 법 화 경 역 부 여 시　어 제 여 래 소 설 경 중　최 위
海爲第一　此法華經亦復如是　於諸如來所說經中　最爲

심 대　우 여 토 산 흑 산 소 철 위 산 대 철 위 산 급 십 보 산　중 산 지
深大　又如土山黑山小鐵圍山大鐵圍山及十寶山　衆山之

중 수 미 산 위 제 일　차 법 화 경 역 부 여 시　어 제 경 중 최 위 기 상
中須彌山爲第一　此法華經亦復如是　於諸經中最爲其上

우 여 중 성 지 중　월 천 자 최 위 제 일　차 법 화 경 역 부 여 시　어
又如衆星之中　月天子最爲第一　此法華經亦復如是　於

천 만 억 종 제 경 법 중　최 위 조 명　우 여 일 천 자 능 제 제 암　차
千萬億種諸經法中　最爲照明　又如日天子能除諸闇　此

경 역 부 여 시　능 파 일 체 불 선 지 암　우 여 제 소 왕 중　전 륜 성
經亦復如是　能破一切不善之闇　又如諸小王中　轉輪聖

왕 최 위 제 일　차 경 역 부 여 시　어 중 경 중 최 위 기 존　우 여 제
王最爲第一　此經亦復如是　於衆經中最爲其尊　又如帝

석　어 삼 십 삼 천 중 왕　차 경 역 부 여 시　제 경 중 왕　우 여 대
釋　於三十三天中王　此經亦復如是　諸經中王　又如大

범 천 왕　일 체 중 생 지 부　차 경 역 부 여 시　일 체 현 성 학 무 학
梵天王　一切衆生之父　此經亦復如是　一切賢聖學無學

급 발 보 살 심 자 지 부　우 여 일 체 범 부 인 중　수 다 원 사 다 함 아
及發菩薩心者之父　又如一切凡夫人中　須陀洹斯陀含阿

나 함 아 라 한 벽 지 불 위 제 일　차 경 역 부 여 시　일 체 여 래 소 설
那含阿羅漢辟支佛爲第一　此經亦復如是　一切如來所說

약 보 살 소 설　약 성 문 소 설　제 경 법 중 최 위 제 일　유 능 수 지
若菩薩所說　若聲聞所說　諸經法中最爲第一　有能受持

시경전자 역부여시 어일체중생중역위제일 일체성문
是經典者 亦復如是 於一切衆生中亦爲第一 一切聲聞

벽지불중보살위제일 차경역부여시 어일체제경법중최
辟支佛中菩薩爲第一 此經亦復如是 於一切諸經法中最

위제일 여불위제법왕 차경역부여시 제경중왕
爲第一 如佛爲諸法王 此經亦復如是 諸經中王

수왕화 차경능구일체중생자 차경능령일체중생이제고
宿王華 此經能救一切衆生者 此經能令一切衆生離諸苦

뇌 차경능대요익일체중생 충만기원 여청량지 능만
惱 此經能大饒益一切衆生 充滿其願 如清涼池 能滿

일체제갈핍자 여한자득화 여라자득의 여상인득주
一切諸渴乏者 如寒者得火 如裸者得衣 如商人得主

여자득모 여도득선 여병득의 여암득등 여빈득보 여
如子得母 如渡得船 如病得醫 如暗得燈 如貧得寶 如

민득왕 여고객득해 여거제암 차법화경역부여시 능
民得王 如賈客得海 如炬除暗 此法華經亦復如是 能

령중생 이일체고일체병통 능해일체생사지박
令衆生 離一切苦一切病痛 能解一切生死之縛

약인득문차법화경 약자서 약사인서 소득공덕 이불
若人得聞此法華經 若自書 若使人書 所得功德 以佛

지혜주량다소부득기변 약서시경권 화향영락 소향말
智慧籌量多少不得其邊 若書是經卷 華香瓔珞 燒香末

향도향 번개의복 종종지등소등유등제향유등 첨복유
香塗香 幡蓋衣服 種種之燈酥燈油燈諸香油燈 瞻蔔油

등 수만나유등 바라라유등 바리사가유등 나바마리
燈 須曼那油燈 波羅羅油燈 婆利師迦油燈 那婆摩利

유등공양 소득공덕역부무량 수왕화 약유인문시약왕
油燈供養 所得功德亦復無量 宿王華 若有人聞是藥王

보살본사품자 역득무량무변공덕 약유여인문시약왕보
菩薩本事品者 亦得無量無邊功德 若有女人聞是藥王菩

살본사품 능수지자 진시여신후불부수
薩本事品 能受持者 盡是女身後不復受

약여래멸후후오백세중 약유여인 문시경전여설수행
若如來滅後後五百歲中 若有女人 聞是經典如說修行

어차명종 즉왕안락세계아미타불대보살중위요주처 생
於此命終 卽往安樂世界阿彌陀佛大菩薩衆圍繞住處 生

연화중보좌지상
蓮華中寶座之上

불부위탐욕소뇌 역부불위진에우치소뇌 역부불위교만
不復爲貪欲所惱 亦復不爲瞋恚愚癡所惱 亦復不爲憍慢

질투제구소뇌 득보살신통무생법인 득시인이 안근청
嫉妬諸垢所惱 得菩薩神通無生法忍 得是忍已 眼根清

정 이시청정안근 견칠백만이천억나유타항하사등제불
淨 以是清淨眼根 見七百萬二千億那由他恒河沙等諸佛

여래 시시제불요공찬언 선재선재 선남자 여능어석
如來 是時諸佛遙共讚言 善哉善哉 善男子 汝能於釋

가모니불법중 수지독송사유시경위타인설 소득복덕무
迦牟尼佛法中 受持讀誦思惟是經爲他人說 所得福德無

량무변 화불능소 수불능표 여지공덕천불공설불능령
量無邊 火不能燒 水不能漂 汝之功德千佛共說不能令

진 여금이능파제마적괴생사군 제여원적개실최멸 선
盡 汝今已能破諸魔賊壞生死軍 諸餘怨敵皆悉摧滅 善

남자 백천제불이신통력공수호여 어일체세간천인지중
男子 百千諸佛以神通力共守護汝 於一切世間天人之中

무여여자 유제여래 기제성문벽지불내지보살지혜선정
無如汝者 唯除如來 其諸聲聞辟支佛乃至菩薩智慧禪定

무유여여등자 수왕화 차보살성취여시공덕지혜지력
無有與汝等者 宿王華 此菩薩成就如是功德智慧之力

약유인문시약왕보살본사품 능수희찬선자 시인현세구
若有人聞是藥王菩薩本事品 能隨喜讚善者 是人現世口

중상출청련화향 신모공중 상출우두전단지향 소득공
中常出青蓮華香 身毛孔中 常出牛頭栴檀之香 所得功

덕여상소설 시고수왕화 이차약왕보살본사품 촉루어
德如上所說 是故宿王華 以此藥王菩薩本事品 囑累於

여 아멸도후후오백세중 광선유포어염부제무령단절

汝 我滅度後後五百歲中 廣宣流布於閻浮提無令斷絕

악마마민제천룡야차구반다등득기편야 수왕화 여당이

惡魔魔民諸天龍夜叉鳩槃茶等得其便也 宿王華 汝當以

신통지력수호시경 소이자하 차경즉위염부제인병지양

神通之力守護是經 所以者何 此經則爲閻浮提人病之良

약 약인유병 득문시경병즉소멸 불로불사 수왕화 여

藥 若人有病 得聞是經病卽消滅 不老不死 宿王華 汝

약견유수지시경자 응이청련화성만말향공산기상 산이

若見有受持是經者 應以青蓮花盛滿末香供散其上 散已

작시념언 차인불구 필당취초좌어도량파제마군 당취

作是念言 此人不久 必當取草坐於道場破諸魔軍 當吹

법라격대법고 도탈일체중생노병사해 시고구불도자

法螺擊大法鼓 度脫一切衆生老病死海 是故求佛道者

견유수지시경전인 응당여시생공경심 설시약왕보살본

見有受持是經典人 應當如是生恭敬心 說是藥王菩薩本

사품시 팔만사천보살 득해일체중생어언다라니 다보

事品時 八萬四千菩薩 得解一切衆生語言陀羅尼 多寶

여래어보탑중 찬수왕화보살언 선재선재 수왕화 여

如來於寶塔中 讚宿王華菩薩言 善哉善哉 宿王華 汝

성취불가사의공덕 내능문석가모니불여차지사 이익무

成就不可思議功德 乃能問釋迦牟尼佛如此之事 利益無

량일체중생

量一切衆生

해석

1강 – 한글 경문

이 때 수왕화보살이 부처님께 아뢰되 "세존이시여 약왕보살이 사바세계에 왜 다니시며, 세존이시여 이 약왕보살에게는 수 백천만억 나유타의 행하기 어려운 고행이 있었습니까? 거룩하신 세존이시여 원컨대 조금이라도 해설해 주십시오. 모든 천룡 · 야차 · 건달바 · 아수라 · 가루라 · 긴나라 · 마후라가 등의 인비인과 또 타국토에서 온 모든 보살과 이 성문 대중들 들으면 모두 환희심 낼 것입니다."

그 때 부처님께서 수왕화보살에게 말씀하시되, 곧 과거 무량 항하사 겁을 지나서 부처님 계셨으니 명호는 일월정명덕여래 · 응공 · 정변지 · 명행족 · 선서 · 세간해 · 무상사 · 조어장부 · 천인사 · 불세존이시며, 그 부처님 80억 대보살마하살 있었고 72 항하사 대성문들 있었으며, 부처님 수명 4만 2천겁이며 보살들 수명도 또한 같았느니라. 저 나라에는 여인들 지옥 아귀 축생 아수라들과 여러 재난들 없었으며, 땅의 평탄함이 마치 손바닥처럼 평탄한 유리로 만들어졌으며 보배 나무들 장엄하고 보배 장막 그 위에 덮여 있었고, 보배 꽃으로 장식된 번(幡) 드리워졌고 보배 병과 향로 국토에 가득했으며 칠보로 누각을 삼고 나무 하나마다 누각이 하나씩 있었느니라. 그 나무와 누각의 거리는 화살이 날아갈 수 있는 거리였고 이 모든 보배 나무들 보살 성문들이 그 아래에서 좌선하고 있었고 모든 보배 누각 위에는 각기 백억의 천신들 하늘 음악을 연주하며 부처님을 노래하고 찬탄하며 공양을 올렸느니라.

이 때 저 부처님 일체중생희견보살과 여러 보살들과 성문들 위하여 법화경 설하시니, 이 일체중생희견보살이 고행을 닦아서 일월정명덕불의 법 가운데서 수행 정진하여 일심으로 불법 구하여 만 2천년 동안 닦고 나서 현일체색신삼매를 성취했느니라. 이 삼매를 얻고 나서 마음에 큰 환희심 일어나, 곧 이렇게 말하길 내가 현일체색신삼매를 얻음은 모두 다 이 법화경 들은 힘 때문이니 내 지금 마땅히 일월정명덕불과 법화경 공양하리라 하고는 즉시 이 삼매에 들어가니, 허공에서 만다라화 마하만다라화 세말견흑의 전단향 등의 비가 내렸고, 허공을 가득 채워 마치 구름처럼 내렸고 또한 해차안전단향 비오듯 하며, 이 향 육수(六銖)의 작은 무게로도 그 가치가 사바세계와 같은데, 그 향으로 부처님께 공양 올리고 나서 삼매에서 일어나 스스로 생각하기를 '내가 비록 신통력으로 부처님께 공양했지만 몸으로 공양하느니만 못하노라.' 곧 전단 훈륙 도루바 필력가 침수 교향 등의 여러 향들 먹고, 또한 첨복의 여러 화향유 마시고 천 2백년 지난 후에 향유를 몸에 바르고 일월정명덕불전에서 하늘의 보배 옷 두르고 여러 향유 붓고 신통력의 서원으로 스스로 소신공양 올리니 그 광명이

80억 항하사 세계를 두루 비추었느니라. 그 속에 계신 제불 동시에 찬탄하시되 “훌륭하고 훌륭하도다! 선남자여! 이것이 참된 정진이며 이것을 이름하여 여래께 참된 법공양 올리는 것이라 하느니라. 만약 꽃 향 영락 소향 말향 도향, 천상의 비단 번개, 해차안전단향 이 같은 온갖 물건으로 공양 하더라도 능히 미칠 바가 못되느니라. 설령 국가 도시 처자를 보시하더라도 미칠 수 없느니라. 선남자여 이것을 이름하여 제일가는 보시라 하느니라. 모든 보시 가운데 가장 존귀하고 뛰어난 것이니라. 모든 여래께 법공양하기 때문이니라.” 이렇게 말씀하시고 나서 각기 부처님들 고요히 계셨느니라. 소신공양 불길 천 2백년 지나서야 그 몸이 다 사라졌느니라. 일체중생희견보살 이 같은 법공양을 마치고 나서 목숨 마치고 다시 일월정명덕 불국토에 태어나 정덕왕의 집에서 결가부좌하고 홀연히 화생하여 곧 그 아버지께 게송으로 설하였다.

대왕이시여 마땅히 아소서! 제가 저 곳에서
수행하여 곧 현일체색신삼매 얻고 부지런히
대정진 닦아 사랑하는 몸조차 버려 세존께
공양 올리니 무상의 지혜를 얻기 위함이었
나이다.

이 게송 마치고 아버지께 말씀 드리되 “일월정명덕불 지금도 살아서 머무르시며 제가 예전에 부처님께 공양하여 일체 중생들의 언어를 이해하는 다라니를 얻었으며 다시 법화경의 8백천만억 나유타 견가라(16수), 빈바라(18수), 아촉바(20수) 등의 게송을 들었나이다. 대왕이시여 제가 지금 다시 이 부처님께 공양하고자 하나이다." 말하고 나서 곧 칠보대에 앉아 허공으로 상승하니 높이 7다라수이며, 부처님 처소에 도달하여 이마 발에 대며 예불하고 합장하며 게송으로 부처님 찬탄하였다.

얼굴 매우 아름다우며 광명은 시방을
비추나니, 제가 일찍이 공양 올렸는데
지금 다시 친견하나이다.

그 때 일체중생희견보살 게송을 설하고 나서 부처님께 말씀드리되 "세존이시여 세존께서는 아직도 세상에 계시나이다." 그 때 일월정명덕불께서 일체중생희견보살에게 말하되 "선남자여 내가 열반할 때가 되었느니라. 멸도의 때가 되었으니 그대는 가히 자리를 편안히 펴라. 내 오늘밤에 열반에 들리라."

또 일체중생희견보살에게 분부하시되 "선남자여 내가 불법을 그대에게 부촉(촉루)하며, 모든 보살, 대제자, 더불어 아뇩다라삼막삼보리법 또한 삼천대천 칠보세계, 모든 보배 나무와 보배대, 시중드는 모든 천인들을 다 그대에게 위임하느니라. 내 멸도 후에 모든 사리 또한 그대에게 부촉하노라. 마땅히 유포하여 공양을 널리 베풀고, 응당 몇 천개의 탑을 세워야 하느니라." 이렇게 일월정명덕불께서 일체중생희견보살에게 가르침을 내리시고 나서 밤 늦게 열반에 드셨다. 그때 일체중생희견보살이 부처님의 죽음을 보고, 슬퍼하고 괴로워 하며 부처님을 연모하면서 곧 해차안전단을 쌓아서 부처님 몸 공양하고 그것을 태워서 불이 소멸하자 사리를 수습하고 8만 4천의 보배병을 만들고 8만 4천개의 탑을 세우니 높이는 3세계이며, 표찰 장엄하고 번개(幡蓋) 드리워져 있고 온갖 보배 방울 매달려 있었느니라. 그때 일체중생희견보살 다시 스스로 생각하기를 '내가 비록 이러한 공양을 올렸지만 마음은 오히려 만족스럽지 못하니, 내 지금 다시 사리에 공양하리라.' 곧 보살 대제자 천룡 야차 등 일체대중들에게 말하되 "그대들은 마땅히 일심으로 생각하라. 내 이제 일월정명덕불의 사리에 공양하리라." 이 말을 하고 나서 곧 8만 4천 탑 앞에서 백복 장엄한 팔을 태우니 7만 2천년 동안 공양하여 무수한 성문 구하는 대중들과 무량 아승지 사람들에게 깨달음의 마음을 내게 하여 모두 현일체색신삼매 얻게 하였느니라.

해석

2강 – 한글 경문

그 때 모든 보살 천인 아수라 등이 그 보살 팔이 없음을 보고 근심하고 슬퍼하며 이렇게 말하되 "이 일체중생희견보살은 우리의 스승이요, 우리들을 교화하는 분인데 지금 팔을 태워 몸이 불구가 되었구나!" 그 때 일체중생희견보살이 대중 속에서 이런 서원을 세우되 "내 두 팔을 버리고 반드시 부처님의 황금색 몸을 얻게 될 것입니다. 진실하고 허망하지 않다면 제 양팔 예전처럼 다시 되어지기를 발원합니다." 이 서원 마치자마자 자연히 다시 팔이 예전처럼 돌아 왔느니라.

이 보살 복덕과 지혜가 많았기 때문이니라.

그러한 일이 생겼을 때, 삼천대천세계가 6종으로 진동하며 하늘에서 보석 꽃이 비 오듯 내리며 모든 천상과 인간들 일찍이 없던 신비한 체험을 하였느니라.

부처님께서 수왕화보살에게 말씀하시되, 그대는 어떻게 생각하느냐? 일체중생희견보살이 어찌 다른 사람이겠는가! 지금의 약왕보살이 바로 그이다. 그가 몸을 버리는 보시를 한 것이 이와 같이 무량 백천만억 나유타 수와 같이 많았느니라.

수왕화여, 만약 깨달음의 마음을 낸 사람들 있어 능히 손가락이나 발가락 하나라도 태워서 불탑에 공양한다면 나라 도시 처자 삼천대천세계의 국토 삼림 하천 연못 여러 진귀한 보물들로 공양 올리는 사람들보다 뛰어난 것이니라.

만약 어떤 사람 있어 칠보로 삼천대천세계를 가득 채워 부처님과 대보살, 벽지불과 아라한 공양한다고 하더라도, 이 사람이 얻게 되는 공덕은 이 법화경 하나의 사구게를 수지하는 것보다 못하리라. 그 복이 가장 많느니라. 수왕화여 비유하자면 마치 모든 냇물과 강물 등 온갖 물 중에서 바다가 제일이 되는 것과 같이, 이 법화경도 또한 그와 같아서 모든 여래가 설하신 경전 가운데 최고로 깊고 위대하느니라. 또한 마치 토산·흑산·소철위산·대철위산·십보산 등의 모든 산들 가운데서 수미산이 제일이 되는 것과 같이, 이 법화경도 또한 그와 같아서 모든 경전 가운데서 가장 으뜸이니라. 또한 여러 별들 가운데 달이 가장 으뜸이 되듯이 이 법화경도 또한 이와 같아서 천만억 가지 모든 경전 가운데 가장 밝게 빛나느니라. 또한 태양이 모든 어둠을 제거하듯이 이 경 또한 그와 같아서 능히 모든 악의 어둠을 깨부수느니라. 또한 모든 소왕들 중에 전륜성왕이 가장 으뜸이 되는 것처럼 이 경 또한 이와 같아서 여러 경전 중에 가장 존귀하느니라. 또한 제석천왕이 33천 중에서 왕이 되듯이 이 경전 또한 그와 같아서 모든 경전 중에서 왕이 되느니라. 또한 대범천왕이 모든 중생의 아버지가 되듯이 이 경 또한 그와 같아서 모든 현성 학무학인 깨달음의 마음을 낸 사람들의 아버지가 되느니라.

또한 마치 모든 범부인 중에서 수다원 사다함 아나함 아라한 벽지불이 제일이 되듯이 이 경 또한 그와 같아서 모든 여래의 설법이나 보살의 설법이나 성문의 설법 등 모든 경전의 가르침 중에서 가장 으뜸이 되며, 이 경전 수지하는 사람 있다면 또한 이와 같아서 일체 중생 가운데 제일이 되느니라. 모든 성문 벽지불 가운데 보살이 으뜸이 되듯이 이 경 또한 이와 같아서 모든 경법 가운데 가장 으뜸이 되느니라. 마치 부처님이 모든 법왕이 되듯이 이 경 또한 이와 같아서 모든 경전 가운데서 왕이 되느니라.

수왕화여 이 경은 일체 중생 능히 구하며, 이 경은 일체 중생으로 하여금 온갖 고뇌에서 떠나게 하며, 이 경은 능히 일체 중생에게 대이익을 주어 그 소원을 채우게 하느니라.

마치 청량한 연못이 모든 목마른 자를 능히 만족시키는 것과 같고, 추운 자 불을 만난 것과 같고, 헐벗은 자 옷을 얻음과 같고, 상인이 물주를 만남과 같고, 자식이 어미를 만남과 같고, 물가에서 배를 만남과 같고, 병든 자 의사를 만남과 같으며, 어둠에 등불을 얻은 것과 같고, 가난한 자가 보석를 얻음과 같으며, 백성이 임금을 만난 것과 같으며, 장사꾼이 바다를 만난 것과 같고, 횃불이 어둠을 없애는 것과 같이 이 법화경도 또한 그러하여, 중생들로 하여금 일체고와 일체병통을 여의게 하여 능히 일체 생사의 속박에서 벗어나게 하느니라.

만약 어떤 사람이 이 법화경 듣고 스스로 사경하거나 남에게 사경하게 한다면 얻게 되는 공덕은 부처님 지혜로써 헤아려도 그 끝을 알 수 없느니라. 만약 이 경전 사경하고 꽃 향 영락 소향 말향 도향 번개 의복 여러 가지 등인 소등 유등 향유등 첨복유등 수만나유등 바라라유등 바리사가유등 나바마리유등으로 공양한다면 그 얻는 공덕 또한 한량이 없느니라.

수왕화여, 만약 어떤 사람이 이 약왕보살본사품을 듣는다면 또한 무량 무변한 공덕을 얻게 되느니라. 만약 여인이 있어 이 약왕보살본사품을 듣고 능히 수지한다면 이 여인의 몸이 다한 후에 다시는 여인의 몸을 받지 않느니라.

만약 여래 멸도 후 후오백세에 어떤 여인이 있어 이 경전을 듣고 설한대로 수행한다면 여기서 죽고 나면 곧바로 아미타불이 보살대중에게 둘러싸여 있는 안락세계(극락세계)에 가서 연꽃 속 보배 자리 위에 태어나게 되리라.

다시는 탐욕으로 괴로움 받지 않고, 또한 다시는 화냄과 어리석음으로 괴로움 받지 않으며, 또한 다시는 교만 질투 등의 번뇌로 괴로움 받지 않으며, 보살의 신통력과 무생법인을 얻게 되며, 무생법인 얻고 나서 눈이 청정해지고 이 청정한 눈으로 7백만 2천억 나유타 항하사 등의 제불여래 친견하리라.

이 때 제불께서 멀리서 함께 찬탄하시되 "훌륭하고 훌륭하도다. 선남자여 그대는 석가모니불 불법 가운데서 이 경전 수지 독송 사유하고 타인들에게 설법한다면 얻는 복덕이 무량 무변하여 불이 태우지 못하며 물이 휩쓸고 가지 못하리니 그대의 공덕 천불이 함께 설한다고 해도 다함이 없느니라. 그대는 지금 이미 모두 마구니들 부수고 생사의 군대 물리쳤으며 다른 원수와 적들 모두 멸하였느니라. 선남자여 백천 제불이 신통력으로 함께 그대를 수호할 것이며, 일체 세간 천인 가운데 그대와 같은 사람은 없으며 오직 여래만은 예외이니라. 성문 벽지불 보살의 지혜와 선정으로도 그대와 같을 사람 없느니라."

수왕화여 이 보살은 이러한 공덕과 지혜의 힘을 성취하였느니라. 만약 어떤 사람이 이 약왕보살본사품을 듣고 수희 찬탄한다면 이 사람 현재 입에서 항상 청련화의 향이 나며, 몸의 모공에서는 항상 우두 전단향이 나며 얻은 공덕이 위에서 설한 바와 같느니라. 이런 까닭에 수왕화여 이 약왕보살본사품을 그대에게 위촉하노라. 내 멸도 후 후오백세 중에 염부제에 두루 선포하고 유통하여 단절하지 말라. 악귀 악마의 백성 천룡 야차 구반다 등이 그 기회를 얻지 못하게 하라.

수왕화여 그대는 마땅히 신통력으로 이 경을 수호하라. 왜냐하면 이 경전은 곧 염부제 사람들의 병을 고치는 양약이 되기 때문이니라. 만약 어떤 사람 병이 있어 이 경을 듣게 되면 병은 소멸되어, 곧 늙지도 죽지도 않느니라. 수왕화여 그대가 만약 이 경전 수지하는 사람 본다면 청련화로 말향 가득 담아서 그 사람들 위에 뿌리며 공양해야 하느니라. 뿌리고 나서 이런 생각을 하되 '이 사람 곧 반드시 길상초 깔고 도량에 앉아 악마 군대 쳐부수고 법의 소라 불며, 대법고 울리며 일체 중생에게 생노병사의 바다를 건너게 하리라.'

이런 까닭에 불도를 구하는 사람이 이 경전 수지하는 사람 보면 응당 이와 같이 공경한 마음을 내어야 하느니라. 이 약왕보살본사품을 설할 때 8만 4천 보살들 일체중생의 언어 이해하는 다라니를 얻었느니라. 다보여래께서 보탑 속에서 수왕화보살을 찬탄하며 말씀하시되 "훌륭하고 훌륭하도다. 수왕화여 그대 불가사의 공덕 성취하고 이에 석가모니불의 이와 같은 불사를 여쭈어 무량한 일체중생에게 이익을 주었느니라."

강의 1강

수왕화보살이 세존께 약왕보살이 사바세계를 왜 다니시며 또 약왕보살이 행한 무수한 난행과 고행에 대해서 여쭙는다. 그러자 세존께서 약왕보살은 과거 무수한 아승지겁 이전 일월정명덕여래가 계실 때 일체중생희견보살이 법화경을 듣고 열심히 수행하여 현일체색신삼매를 얻었고, 저 부처님과 법화경에 공양 올리고자 발원한다. 그리고 삼매 속에서 가치가 한량없는 향과 꽃으로 공양 올리고, 삼매에서 일어나 무량한 세월 동안에 자신의 몸으로 소신 공양을 올렸다. 그리고 다시 저 부처님 국토에 태어나 무수한 성문들과 아승지 사람들에게 깨달음의 마음을 내게 하고 모두 현일체색신삼매에 머물게 했다.

강의 2강

부처님께서 수왕화보살에게 그 때의 저 일체중생희견보살이 바로 지금의 약왕보살이라 설하신다. 그리고 칠보로 삼천대천세계를 가득 채워서 보시하는 것보다 법화경의 게송 하나를 받아지니는 공덕이 훨씬 크다고 밝힌다. 이어서 법화경 수지 공덕을 강물 가운데 바다가 최고이며, 산 중에서 수미산이 으뜸이며, 별 중에서 달이 으뜸이며 모두 열 가지 비유를 들어서 법화경 수지의 공덕을 설명한다.

그리고 법화경의 불가사의 공덕을 청정한 연못물이 모든 목마른 자들의 갈증을 채우고, 추운 자가 불을 만나는 등 열두 가지의 비유로 찬탄한다. 이어서 법화경을 직접 사경하거나 다른 사람에게 사경을 권한다면 그 공덕은 너무나 커서 부처님의 지혜로도 헤아릴 수 없다.

그리고 어떤 여인이 법화경을 듣고 열심히 수행하면 내생에 아미타불이 계신 극락세계의 연꽃 위에 태어나며, 탐 진 치 등의 삼독으로 고통받지 않으며, 신통력과 무생법인을 얻고 청정한 눈으로 무수한 부처님을 친견하게 된다. 그리고 법화경을 수지 독송 해설 사경하면 무량한 공덕이 생겨 입에는 청련화 향기가 나며, 몸에는 우두 전단향이 나온다. 그리고 이 법화경은 염부제 중생들의 병을 고치는 양약이라 설한다.

이 약왕보살본사품은 중생들의 몸과 마음의 병을 고치는 약사여래의 전생담이다. 그 출발은 법화경을 처음 듣고 수행한 것으로부터 시작된다. 또한 법화경 그 자체가 양약이라 밝힌다.

몸과 마음의 병을 고치는 약왕보살과 법화경 이 두 가지가 이 품의 주제이다. 북한산 사모바위 아래 승가사 약사전과 마애불에 오늘도 다녀왔다. 약사전에서 물 한 모금 먹고 기도 마치고 이 약왕보살본사품을 생각하면서 산을 내려 왔다. 몸과 마음의 건강함은 중생 세계에 살고 있는 모든 사람들의 가장 큰 염원일 것이다.

나무 약왕보살! 나무 약왕보살! 나무 약왕보살마하살!

제24 묘음보살품

범어로 Gadgadasvara parivartaḥ인데, Gadgada는 묘(妙)의 뜻이며 svara는 음(音)을 뜻하며, parivartaḥ는 품을 나타낸다. 한역에서는 묘음보살품으로 번역되었다.

석가모니불께서 미간 백호상에서 광명을 놓으시어 동방 무수한 불국토를 비추시는데, 그 때 무수한 불국토 지난 곳에 정화수왕지여래 계셨고, 그곳에 묘음보살이 있어 한량없는 부처님 공양하고 가까이 하여, 깊은 지혜를 다 성취하였으며, 또한 온갖 큰 삼매들을 성취하였다. 마침 석가모니불의 광명이 그 몸을 비추기에 사바세계로 가서 부처님과 대보살들 만나 보기를 청한다. 그리고 삼매의 힘으로 기사굴산(영취산) 부근에 보배 연꽃들을 피어나게 하니 문수보살이 부처님께 묘음보살의 공덕과 대신통력과 삼매에 대해서 묻는다. 화덕보살 또한 묘음보살의 선근과 공덕과 신통력에 대해서 묻는다. 이에 부처님께서 화덕보살에게 말씀하시길, 운뢰음왕불 시대에 무량한 세월

동안 음악을 공양하고, 보배의 발우(鉢)를 저 부처님께 보시하던 보살이 있었는데, 그가 바로 지금의 묘음보살이라 이르신다. 그리고 묘음보살은 갖가지 몸을 나투어 곳곳에서 온갖 중생들을 위해서 이 경전을 설한다. 묘음보살이 얻은 삼매에 대한 질문에 현일체색신삼매(現一切色身三昧)를 얻어서 무량한 중생들에게 이익을 주고 있다고 말씀하신다.

1강 - 한문 경문

이시석가모니불 방대인상육계광명 급방미간백호상광
爾時釋迦牟尼佛 放大人相肉髻光明 及放眉間白毫相光
변조동방백팔만억나유타항하사등제불세계 과시수이
遍照東方百八萬億那由他恒河沙等諸佛世界 過是數已
유세계 명정광장엄 기국유불 호정화수왕지여래응공
有世界 名淨光莊嚴 其國有佛 號淨華宿王智如來應供
정변지명행족선서세간해무상사조어장부천인사불세존
正遍知明行足善逝世間解無上士調御丈夫天人師佛世尊
위무량무변보살대중공경위요이위설법 석가모니불백
爲無量無邊菩薩大衆恭敬圍繞而爲說法 釋迦牟尼佛白
호광명변조기국 이시일체정광장엄국중 유일보살명왈
毫光明遍照其國 爾時一切淨光莊嚴國中 有一菩薩名曰
묘음 구이식중덕본 공양친근무량백천만억제불 이실
妙音 久已殖衆德本 供養親近無量百千萬億諸佛 而悉
성취심심지혜
成就甚深智慧

득묘당상삼매 법화삼매 정덕삼매 수왕희삼매 무연
得妙幢相三昧 法華三昧 淨德三昧 宿王戲三昧 無緣
삼매 지인삼매 해일체중생어언삼매 집일체공덕삼매
三昧 智印三昧 解一切衆生語言三昧 集一切功德三昧
청정삼매 신통유희삼매 혜거삼매 장엄왕삼매 정광
淸淨三昧 神通遊戲三昧 慧炬三昧 莊嚴王三昧 淨光

명삼매 정장삼매 불공삼매 일선삼매 득여시등백천
明三昧 淨藏三昧 不共三昧 日旋三昧 得如是等百千

만억항하사등제대삼매 석가모니불광조기신 즉백정화
萬億恒河沙等諸大三昧 釋迦牟尼佛光照其身 卽白淨華

수왕지불언 세존 아당왕예사바세계 예배친근공양석
宿王智佛言 世尊 我當往詣娑婆世界 禮拜親近供養釋

가모니불 급견문수사리법왕자보살 약왕보살 용시보
迦牟尼佛 及見文殊師利法王子菩薩 藥王菩薩 勇施菩

살 수왕화보살 상행의보살 장엄왕보살 약상보살 이
薩 宿王華菩薩 上行意菩薩 莊嚴王菩薩 藥上菩薩 爾

시정화수왕지불고묘음보살 여막경피국생하열상 선남
時淨華宿王智佛告妙音菩薩 汝莫輕彼國生下劣想 善男

자 피사바세계 고하불평토석제산예오충만불신비소
子 彼娑婆世界 高下不平土石諸山穢惡充滿佛身卑小

제보살중기형역소 이여신사만이천유순 아신육백팔십
諸菩薩衆其形亦小 而汝身四萬二千由旬 我身六百八十

만유순 여신제일단정 백천만복광명수묘 시고여왕막
萬由旬 汝身第一端正 百千萬福光明殊妙 是故汝往莫

경피국약불보살급국토생하열상 묘음보살백기불언
輕彼國若佛菩薩及國土生下劣想 妙音菩薩白其佛言

세존 아금예사바세계 개시여래지력 여래신통유희
世尊 我今詣娑婆世界 皆是如來之力 如來神通遊戲

여래공덕지혜장엄 어시묘음보살 불기우좌신부동요
如來功德智慧莊嚴 於是妙音菩薩 不起于座身不動搖

이입삼매 이삼매력 어기사굴산거법좌불원 화작팔만
而入三昧 以三昧力 於耆闍崛山去法座不遠 化作八萬

사천중보련화 염부단금위경 백은위엽 금강위수 견
四千衆寶蓮華 閻浮檀金爲莖 白銀爲葉 金剛爲鬚 甄

숙가보이위기대
叔迦寶以爲其臺

이시문수사리법왕자 견시연화이백불언 세존 시하인
爾時文殊師利法王子 見是蓮華而白佛言 世尊 是何因

연선현차서 유약간천만연화 염부단금위경 백은위엽
緣先現此瑞 有若干千萬蓮華 閻浮檀金爲莖 白銀爲葉

금강위수 견숙가보이위기대 이시석가모니불고문수사
金剛爲鬚 甄叔迦寶以爲其臺 爾時釋迦牟尼佛告文殊師

리 시묘음보살마하살 욕종정화수왕지불국 여팔만사
利 是妙音菩薩摩訶薩 欲從淨華宿王智佛國 與八萬四

천보살위요 이래지차사바세계 공양친근예배어아 역
千菩薩圍繞 而來至此娑婆世界 供養親近禮拜於我 亦

욕공양청법화경 문수사리백불언 세존 시보살종하선
欲供養聽法華經 文殊師利白佛言 世尊 是菩薩種何善

본수하공덕 이능유시대신통력 행하삼매 원위아등설
本修何功德 而能有是大神通力 行何三昧 願爲我等說

시삼매명자 아등역욕근수행지 행차삼매 내능견시보
是三昧名字 我等亦欲勤修行之 行此三昧 乃能見是菩

살색상대소위의진지 유원세존 이신통력 피보살내령
薩色相大小威儀進止 唯願世尊 以神通力 彼菩薩來令

아득견 이시석가모니불고문수사리 차구멸도다보여래
我得見 爾時釋迦牟尼佛告文殊師利 此久滅度多寶如來

당위여등이현기상 시다보불고피보살 선남자내 문수
當爲汝等而現其相 時多寶佛告彼菩薩 善男子來 文殊

사리법왕자 욕견여신 우시묘음보살 어피국몰 여팔
師利法王子 欲見汝身 于時妙音菩薩 於彼國沒 與八

만사천보살구공발래 소경제국육종진동 개실우어칠보
萬四千菩薩俱共發來 所經諸國六種震動 皆悉雨於七寶

련화 백천천악불고자명 시보살 목여광대청련화엽
蓮華 百千天樂不鼓自鳴 是菩薩 目如廣大青蓮華葉

정사화합백천만월 기면모단정부과어차 신진금색 무
正使和合百千萬月 其面貌端正復過於此 身眞金色 無

량백천공덕장엄 위덕치성광명조요 제상구족 여나라
量百千功德莊嚴 威德熾盛光明照曜 諸相具足 如那羅

연견고지신 입칠보대상승허공 거지칠다라수 제보살
延堅固之身 入七寶臺上昇虛空 去地七多羅樹 諸菩薩

중공경위요 이래예차사바세계기사굴산 도이하칠보대
衆恭敬圍繞 而來詣此娑婆世界耆闍崛山 到已下七寶臺

이가직백천영락 지지석가모니불소 두면예족봉상영락
以價直百千瓔珞 持至釋迦牟尼佛所 頭面禮足奉上瓔珞

이백불언 세존 정화수왕지불 문신세존 소병소뇌기
而白佛言 世尊 淨華宿王智佛 問訊世尊 少病少惱起

거경리안락행부 사대조화부 세사가인부 중생이도부
居輕利安樂行不 四大調和不 世事可忍不 衆生易度不

무다탐욕진에우치질투간만부 무불효부모불경사문사
無多貪欲瞋恚愚癡嫉妬慳慢不 無不孝父母不敬沙門邪

견불선심불섭오정부 세존 중생능항복제마원부 구멸
見不善心不攝五情不 世尊 衆生能降伏諸魔怨不 久滅

도다보여래 재칠보탑중내청법부 우문신다보여래 안
度多寶如來 在七寶塔中來聽法不 又問訊多寶如來 安

은소뇌감인구주부 세존 아금욕견다보불신 유원세존
隱少惱堪忍久住不 世尊 我今欲見多寶佛身 唯願世尊

시아령견 이시석가모니불어다보불 시묘음보살욕득상
示我令見 爾時釋迦牟尼佛語多寶佛 是妙音菩薩欲得相

견 시다보불고묘음언 선재선재 여능위공양석가모니
見 時多寶佛告妙音言 善哉善哉 汝能爲供養釋迦牟尼

불 급청법화경 병견문수사리등 고래지차
佛 及聽法華經 并見文殊師利等 故來至此

원문

2강 - 한문 경문

이시화덕보살백불언 세존 시묘음보살 종하선근수하
爾時華德菩薩白佛言 世尊 是妙音菩薩 種何善根修何

공덕 유시신력 불고화덕보살 과거유불 명운뢰음왕
功德 有是神力 佛告華德菩薩 過去有佛 名雲雷音王

다타아가도아라하삼막삼불타 국명현일체세간 겁명희
多陀阿伽度阿羅訶三藐三佛陀 國名現一切世間 劫名喜

견 묘음보살 어만이천세 이십만종기악 공양운뢰음
見 妙音菩薩 於萬二千歲 以十萬種伎樂 供養雲雷音

왕불 병봉상팔만사천칠보발 이시인연과보 금생정화
王佛 并奉上八萬四千七寶鉢 以是因緣果報 今生淨華

수왕지불국유시신력 화덕 어여의운하 이시운뢰음왕
宿王智佛國有是神力 華德 於汝意云何 爾時雲雷音王

불소묘음보살기악공양봉상보기자 기이인호 금차묘음
佛所妙音菩薩伎樂供養奉上寶器者 豈異人乎 今此妙音

보살마하살시 화덕 시묘음보살 이증공양친근무량제
菩薩摩訶薩是 華德 是妙音菩薩 已曾供養親近無量諸

불구식덕본 우치항하사등백천만억나유타불 화덕 여
佛久殖德本 又值恒河沙等百千萬億那由他佛 華德 汝

단견묘음보살기신재차 이시보살현종종신 처처위제중
但見妙音菩薩其身在此 而是菩薩現種種身 處處爲諸衆

생설시경전 혹현범왕신 혹현제석신 혹현자재천신
生說是經典 或現梵王身 或現帝釋身 或現自在天身

혹현대자재천신 혹현천대장군신 혹현비사문천왕신
或現大自在天身 或現天大將軍身 或現毘沙門天王身

혹현전륜성왕신 혹현제소왕신 혹현장자신 혹현거사
或現轉輪聖王身 或現諸小王身 或現長者身 或現居士

신 혹현재관신 혹현바라문신 혹현비구비구니우바새
身 或現宰官身 或現婆羅門身 或現比丘比丘尼優婆塞

우바이신 혹현장자거사부녀신 혹현재관부녀신 혹현
優婆夷身 或現長者居士婦女身 或現宰官婦女身 或現

바라문부녀신 혹현동남동녀신 혹현천룡야차건달바아
婆羅門婦女身 或現童男童女身 或現天龍夜叉乾闥婆阿

수라가루라긴나라마후라가인비인등신 이설시경 제유
修羅迦樓羅緊那羅摩睺羅伽人非人等身 而説是經 諸有

지옥아귀축생 급중난처개능구제내지어왕후궁 변위여
地獄餓鬼畜生 及衆難處皆能救濟乃至於王後宮 變爲女

신이설시경 화덕 시묘음보살 능구호사바세계제중생
身而説是經 華德 是妙音菩薩 能救護娑婆世界諸衆生

자 시묘음보살 여시종종변화현신 재차사바국토 위
者 是妙音菩薩 如是種種變化現身 在此娑婆國土 爲

제중생설시경전 어신통변화지혜무소손감 시보살 이
諸衆生説是經典 於神通變化智慧無所損減 是菩薩 以

약간지혜 명조사바세계 영일체중생각득소지 어시방
若干智慧 明照娑婆世界 令一切衆生各得所知 於十方

항하사세계중역부여시 약응이성문형득도자 현성문형
恒河沙世界中亦復如是 若應以聲聞形得度者 現聲聞形

이위설법 응이벽지불형득도자 현벽지불형이위설법
而爲説法 應以辟支佛形得度者 現辟支佛形而爲説法

응이보살형득도자 현보살형이위설법 응이불형득도자
應以菩薩形得度者 現菩薩形而爲説法 應以佛形得度者

즉현불형이위설법 여시종종수소응도 이위현형 내지
即現佛形而爲説法 如是種種隨所應度 而爲現形 乃至

응이멸도이득도자 시현멸도 화덕 묘음보살마하살
應以滅度而得度者 示現滅度 華德 妙音菩薩摩訶薩

성취대신통지혜지력 기사여시 이시화덕보살백불언
成就大神通智慧之力 其事如是 爾時華德菩薩白佛言

세존 시묘음보살심종선근 세존 시보살주하삼매 이
世尊 是妙音菩薩深種善根 世尊 是菩薩住何三昧 而

능여시재소변현도탈중생 불고화덕보살 선남자 기삼
能如是在所變現度脫衆生 佛告華德菩薩 善男子 其三

매명현일체색신 묘음보살주시삼매중 능여시요익무량
昧名現一切色身 妙音菩薩住是三昧中 能如是饒益無量

중생 설시묘음보살품시 여묘음보살구래자팔만사천인
衆生 說是妙音菩薩品時 與妙音菩薩俱來者八萬四千人

개득현일체색신삼매 차사바세계무량보살 역득시삼매
皆得現一切色身三昧 此娑婆世界無量菩薩 亦得是三昧

급다라니
及陀羅尼

이시묘음보살마하살 공양석가모니불급다보불탑이 환
爾時妙音菩薩摩訶薩 供養釋迦牟尼佛及多寶佛塔已 還

귀본토 소경제국육종진동 우보련화 작백천만억종종
歸本土 所經諸國六種震動 雨寶蓮華 作百千萬億種種

기악 기도본국 여팔만사천보살위요 지정화수왕지불
伎樂 旣到本國 與八萬四千菩薩圍繞 至淨華宿王智佛

소 백불언 세존 아도사바세계요익중생 견석가모니
所 白佛言 世尊 我到娑婆世界饒益衆生 見釋迦牟尼

불 급견다보불탑예배공양 우견문수사리법왕자보살
佛 及見多寶佛塔禮拜供養 又見文殊師利法王子菩薩

급견약왕보살 득근정진력보살 용시보살등 역령시팔
及見藥王菩薩 得勤精進力菩薩 勇施菩薩等 亦令是八

만사천보살득현일체색신삼매 설시묘음보살래왕품시
萬四千菩薩得現一切色身三昧 說是妙音菩薩來往品時

사만이천천자득무생법인 화덕보살득법화삼매
四萬二千天子得無生法忍 華德菩薩得法華三昧

해석

1강 - 한글 경문

이 때 석가모니불 대인상의 육계에서 광명을 놓으시고, 미간 백호상에서도 광명을 놓으시어, 동방 백 8만억 나유타 항하사와 같이 많은 불세계를 두루 비추시느니라. 이 숫자 만큼 많은 세계를 지나서 세계가 있으니 이름은 정광장엄이요, 그 나라 부처님 계시니 명호가 정화수왕지여래 · 응공 · 정변지 · 명행족 · 선서 · 세간해 · 무상사 · 조어장부 · 천인사 · 불세존이시었다. 무량한 보살대중에게 공경히 둘러싸였으며, 설법하실 적에 석가모니불의 백호상의 광명이 그 국토를 두루 비추었다. 이 때 일체정광장엄국토 가운데 한 보살 있으니, 이름이 묘음이라 오랫동안 온갖 공덕을 닦아서 백천만억 제불 공양하고 친근하여 깊은 지혜를 모두 성취하고, 묘당상삼매 법화삼매 정덕삼매 수왕희삼매 무연삼매 지인삼매 해일체중생어언삼매 집일체공덕삼매 청정삼매 신통유희삼매 혜거삼매 장엄왕삼매 정광명삼매 정장삼매 불공삼매 일선삼매 등 이와 같은 백천만억 항하사의 모든 삼매를 얻었느니라.

석가모니불의 광명이 그 몸을 비추니, 곧 정화수왕지불께 여쭙되

"세존이시여 저는 사바세계로 가서 석가모니불께 예배 친근 공양하며, 문수사리법왕자보살 약왕보살 용시보살 수왕화보살 상행의보살 장엄왕보살 약상보살 등도 친견하겠나이다."

그 때 정화수왕지불께서 묘음보살에게 말씀하시되 "그대는 저 나라 가벼이 여겨 하열한 생각을 갖지 말라. 선남자여 저 사바세계의 땅은 고하가 있고 평탄하지 않으며, 흙 돌 산들 더러움으로 가득차고 부처님 몸은 작고 보살들 또한 그 모습이 작지만 그대의 몸은 4만 2천 유순이며 내 몸은 6백 80만 유순이며, 그대 몸은 가장 아름답고 백천 만복의 광명 아주 수승하느니라. 그런 까닭에 그대가 가더라도 저 나라나 불보살과 국토 가벼이 여겨 업신여기는 생각을 갖지 말라."

이에 묘음보살이 저 부처님께 말씀드리되 "세존이시여, 제가 지금 사바세계로 가는 것은 모두 여래의 힘, 여래의 신통유희, 여래공덕 지혜장엄 때문입니다."

이에 묘음보살 자리에서 일어나거나 몸을 움직이지 않고, 삼매에 들어가 삼매의 힘으로 기사굴산(영취산) 법좌에서 멀지 않은 곳에 8만 4천의 보배 연꽃들을 신통력으로 만드니, 염부단금(최상의 금)으로 줄기를 삼고, 백은으로 잎을 만들며, 다이아몬드로 꽃술을 만들며, 견숙가보(붉은색 보석)로 대를 삼았느니라. 그 때 문수사리법왕자 이 연꽃을 보고 부처님께 여쭈었다.

"세존이시여 이것 어떤 인연으로 먼저 이런 상서가 나타나는 것입니까? 왜 수 천만 연꽃이 생겨나 염부단금으로 줄기를 삼고, 백은으로 잎을 만들며, 다이아몬드로 꽃술을 만들며, 견숙가보로 대를 삼았나이까?" 그 때 석가모니불이 문수사리에게 말씀하시되 "이 묘음보살마하살이 정화수왕지불토에서 8만 4천 보살들에 둘러싸여 함께 이 사바세계로 와서 나를 공양 친근 예배하고자 하며, 또한 법화경에 공양하며 듣고자 함이니라."

문수사리 부처님께 여쭙되 "세존이시여 이 보살 어떤 선근의 씨앗을 심었으며, 어떤 공덕을 닦았기에 이러한 대신통력이 있으며 어떤 삼매를 수행하는지 원컨대 저희들 위해서 이 삼매의 이름을 설해 주시옵소서! 저희들 또한 그것을 부지런히 수행하여 이 삼매를 닦겠나이다. 그래야 이 보살의 크고 작은 모습과 행동을 볼 수 있기 때문입니다. 오직 원컨대 세존이시여 신통력으로 저 보살 오게 하여 저희들 친견하게 하소서!"

그 때 석가모니불께서 문수사리에게 말씀하시되 "이렇게 오래전 멸도하신 다보여래 그대들 위해서 그 모습 나타나게 하리라." 그 때 다보불 저 보살에게 말씀하시되 "선남자여 오너라. 문수사리법왕자가 그대의 모습을 보고자 하느니라." 이 때 묘음보살이 저 나라에서 사라져 8만 4천 보살들과 더불어 함께 오게 되니, 지나는 나라마다 육종으로 진동하며 모두 다 칠보연화의 꽃비 내리며 백천 가지 하늘의 음악 저절로 울리느니라. 이 보살의 눈은 크고 넓은 청연화 잎과 같이 아름다우며, 설령 백천만의 달을 합쳤다고 하더라도 그 모습 아름답기 저 보살이 더 뛰어나느니라. 몸은 황금색으로 무량 백천공덕장엄하였고 위덕은 치성하고 광명은 밝게 빛나 모든 아름다움을 다 갖추었고 마치 나라연의 견고한 몸과 같았느니라.

칠보대에 들어가 허공으로 상승하니 땅으로부터 높이가 칠다라수이며, 여러 보살들 공경히 호위하며 이 사바세계 기사굴산으로 와서 칠보대에서 내려와 가치가 백천이나 나가는 영락을 가지고 석가모니불 처소로 가서 머리 발에 대고 예를 올리고 영락을 부처님께 바치며 말씀드렸느니라. "세존이시여 정화수왕지불 세존께서 안부 묻습니다. 병과 번뇌는 적으며, 기거는 편안하고 안락하신지, 몸은 편안하신지, 세상일은 참을만 하신지, 중생들은 제도하기 쉬운지, 탐진치 질투 인색함 교만함은 많지 않은지, 부모와 스님들께 불효 불경한 사람들은 없는지, 사견과 악한 마음 지니며 감각의 욕망을 잘 다스리는지 물었나이다. 세존이시여 중생들은 능히 모든 악마와 원수들을 항복시키나이까? 오래전에 멸도하신 다보여래 칠보탑에 계시면서 와서 법은 듣습니까? 또한 다보여래께 안부 인사 드리되, 편안하시어 불편함 적고 참고 오래 머물만 하신지, 세존이시여 저는 지금 다보불신을 친견하고자 하니 오직 원컨대 친견하게 하소서!"

그 때 석가모니불이 다보불에게 말씀하시되 "이 묘음보살 친견하기 원하나이다."

그 때 다보불 묘음보살에게 말씀하시되 "훌륭하고 훌륭하도다. 그대는 석가모니불 공양하고 법화경 듣기 위해서 또한 문수사리 등을 보기 위해서 여기에 왔도다."

이 때 화덕보살 부처님께 아뢰되 "세존이시여 이 묘음보살 어떤 선근을 심었고, 어떤 공덕을 닦았기에 이러한 대신통력이 있습니까?"

부처님 화덕보살에게 말하되 "과거 부처님 계시니 이름은 운뢰음왕 다타아가도 아라하 삼막삼불타이며, 국명은 현일체세간이며, 겁명은 희견이었느니라.

묘음보살 만 이천년 동안에 10만종의 음악으로 운뢰음왕불 공양하였으며, 아울러 8만 4천 칠보로 된 발우를 바치니 이런 인연과보로 지금 정화수왕지불의 나라에 태어나 이러한 신통력을 얻음이니라. 화덕이여 그대는 어떻게 생각하느냐? 그 때 운뢰음왕불소에 음악으로 공양하고 보배 그릇을 바치던 사람이 어찌 다른 사람이겠는가? 지금 이 묘음보살마하살이 바로 그 사람이니라. 화덕이여, 이 묘음보살은 일찍이 무량한 부처님께 공양하고 친근하여 오랫동안 공덕의 씨앗을 심었기에 또한 항하사 등의 백천만억 나유타 제불을 친견하는 것이니라. 화덕이여 그대는 단지 묘음보살이 여기에 있음을 보지만 그러나 이 보살 온갖 몸을 나타내어 곳곳에서 중생들 위하여 이 경전을 설하나니, 범천왕의 몸을 나타내기도 하고, 혹은 제석천의 몸을 나타내기도 하며, 혹은 자재천신의 몸으로, 혹은 대자재천의 몸을 나타내기도 하느니라. 혹은 천대장군의 몸을 나타내며, 혹은 비사문천왕의 몸을 나타내며, 혹은 전륜성왕의 몸을 나타내며, 혹은 여러 소왕의 몸을 나타내며, 혹은 장자의 몸을 나타내며, 혹은 거사의 몸을 나타내며, 혹은 관리의 몸을 나타내며, 혹은 바라문의 몸을 나타내며, 혹은 비구 비구니 우바새 우바이의 몸으로 출현하느니라. 혹은 장자나 거사 부인의 몸을 나타내며, 혹은 관리 부인의 몸을 나타내며, 혹은 바라문 부인의 몸을 나타내며, 혹은 소년 소녀의 몸을 나타내며, 혹은 천룡 야차 건달바 아수라 가루라 긴나라 마후라가 인비인 등의 몸을 나타내어 설법하느니라. 지옥 아귀 축생과 여러 어려운 곳에서 능히 모두 구제하느니라.

그리고 왕의 후궁에서 여인의 몸으로 변하여 설법하느니라.

화덕이여 이 묘음보살 능히 사바세계의 모든 중생들 구호하는 사람으로 이 묘음보살 이와 같이 여러 가지로 변하여 몸을 나타내어 이 사바국토에서 중생들 위해서 이 경전 설법하지만 신통변화와 지혜는 조금도 감소되지 않느니라.

이 보살 여러 가지 지혜로 사바세계 밝게 비추어 일체중생들로 하여금 각기 알게 하며, 시방 항하사 세계에서도 또한 이와 같느니라.

만약 성문의 몸으로 제도할 사람은 성문의 몸을 나타내어 설법하며, 벽지불의 몸으로 제도할 사람은 벽지불의 몸을 나타내어 설법하며, 보살의 몸으로 제도할 사람은 보살의 몸을 나타내어 설법하며, 부처님의 몸으로 제도할 사람은 곧 부처님의 몸을 나타내어 설법하느니라. 이와 같이 여러 가지 제도할 바를 따라서 그 몸을 나투며, 그리고 멸도로 제도할 사람은 멸도를 보이느니라. 화덕이여 묘음보살마하살이 대신통력과 지혜의 힘 성취한 일이 이와 같느니라.

이 때 화덕보살이 부처님께 아뢰되 "세존이시여 이 묘음보살이 깊은 선근을 심었나이다. 세존이시여 이 보살 어떤 삼매에 머무르기에 능히 이와 같이 곳곳에서 그 몸을 바꾸어 나타내어 중생들을 제도하나이까?"

부처님 화덕보살에게 말씀하시되 "선남자여 그 삼매 이름은 현일체색신삼매이니, 묘음보살 이 삼매에서 능히 이와 같이 무량한 중생들에게 이익을 주느니라." 이 묘음보살품을 설할 때에 묘음보살과 함께 온 8만 4천인이 모두 현일체색신삼매를 얻었으며, 또한 이 사바세계의 무량한 보살들도 이 삼매와 다라니를 얻었느니라.

그 때 묘음보살마하살이 석가모니불과 다보불탑에 공양하고 본토로 돌아가니 지나는 국토마다 육종으로 진동하고 보배연꽃 비처럼 내리며 백천만억 온갖 음악이 연주되며 본국에 도착하고 나니 8만 4천 보살들 호위 받으며 정화수왕지불의 처소에 이르러 부처님께 말씀드렸다.

"세존이시여 제가 사바세계 도착하여 중생들에게 이익을 많이 주었고, 석가모니불과 다보불탑 친견 예배 공양하였고, 또한 문수사리법왕자보살 약왕보살 득근정진력보살 용시보살 등을 친견하였고, 또한 이 8만 4천 보살들로 하여금 현일체색신삼매를 얻게 했나이다."

이 묘음보살래왕품을 설할 때에 4만 2천 천자들이 무생법인을 얻었고, 화덕보살은 법화삼매를 얻었느니라.

강의 1강

묘음보살이 석가모니불의 육계 광명과 미간백호의 광명을 보고 정화수왕지여래가 계신 정광장엄국토에서 삼매의 신통력으로 사바세계에 와서 석가모니불과 다보부처님을 친견하게 된다. 이 묘음보살은 일찍이 오랫동안 여러 공덕의 씨앗을 심었고, 모든 부처님께 공양올리고 가까이 모셨기에 깊은 지혜력과 온갖 종류의 대삼매력을 성취하였다. 묘음보살은 정화수왕지여래에게 인사드리고 곧 자리에서 움직이지 않고 삼매에 들어 삼매력으로 법화회상의 영취산으로 오게 된다. 이 때 이 법화회상에 8만 4천의 보석으로 만들어진 연꽃이 신통력으로 생긴다. 그리고 문수사리가 부처님께 이 묘음보살이 어떤 선근을 심었고, 어떤 공덕을 닦았는지, 어떤 삼매를 행하며 그 이름은 무엇인지 묻는다. 그리고 부처님의 신통력으로 저 보살이 사바세계로 와서 친견하기를 발원한다. 이 때 다보여래가 묘음보살을 사바세계로 초대하자 즉시 묘음보살이 오게 된다. 이 보살이 올 때 8만 4천 보살들을 거느리고 오는데, 지나는 국토마다 육종진동이 일어나며, 칠보연꽃비가 내리며, 온갖 천상의 음악이 연주된다. 그리고 이 보살의 눈은 큰 푸른 연꽃잎처럼 아름답고, 얼굴은 여러 달을 합친 것보다 아름다우며, 몸은 황금색이며, 온갖 공덕과 위엄을 갖추었고, 몸에는 후광이 밝게 빛나며 모든 아름다운 모습을 다 갖추었다. 그리고 금강역사와 같은 견고한 몸도 갖추었다. 그는 석가모니불과 다보불께 문안 인사를 드린다.

강의 2강

그 때 화덕보살이 부처님께 묘음보살이 어떤 선근을 심었고, 어떤 공덕을 닦았기에 이러한 신통력이 있는지 묻는다. 그러자 부처님께서 저 과거 운뢰음왕여래 시절 묘음보살이 있어, 온갖 음악으로 저 부처님께 공양 올리고, 무수한 칠보 발우를 공양한 인연과보로 지금 정화수왕지여래의 국토에 태어나 이러한 신통력을 얻은 것이라 설한다. 그리고 이 묘음보살은 무량한 과거부터 공덕의 씨앗을 심었고, 모든 부처님께 공양을 올렸고, 무수한 부처님 친견하였기에 지금 이와 같이 온갖 몸을 나투어 법화경을 설하는 신통력과 지혜력을 얻은 것임을 설한다. 이 묘음보살이 얻은 삼매의 이름은 현일체색신삼매이다. 묘음보살이 석가모니불과 다보불께 공양을 올리고, 무수한 중생들에게 현일체색신삼매와 다라니를 얻게 하고 다시 본토로 돌아간다. 이 묘음보살래왕품을 설할 때 무수한 천자들이 무생법인을 얻고, 화덕보살은 법화삼매를 얻게 된다.

제25 관세음보살보문품

범본에는 Samanta - mukha- Avalokiteśvara-vikurvaṇa-nirdeśaḥ로 되어 있다.

Samanta는 두루 존재하다이며, mukha는 문(門)을 뜻하여 보문(普門)으로 번역하였다. avalokiteśvara는 관세음보살이며, vikurvaṇa는 화현하다는 의미이며 nirdeśaḥ는 가르침이란 의미이다. 곧 관세음보살이 널리 화현하여 가르치는 품이다. 한역에서는 관세음보살보문품으로 번역되었다.

무진의보살이 부처님께 무슨 인연으로 이름이 관세음인지 묻는다. 이에 부처님은 한량없는 중생이 온갖 고뇌를 받을 때, 관세음보살이 계시다는 이야기를 듣고 지극한 마음으로 그의 이름을 부른다면 곧 그 음성을 듣고 그들 모두를 그 고뇌에서 벗어나게 하기 때문에 관세음이라 한다. 그리고 중생의 여러 가지 어려움과 중생의 소원에 따라 온갖 모습으로 몸을 나타내고 중생 구제하는 구체적인 이야기가 설해진다. 이렇게 관세음보살의 이름만 듣고 불러도 무량한 복덕과 이익을 얻을 수 있다. 그리고 다시 무진의보살이 부처님께 관세음보살이 어떻게 사바세계에 다니면서 중생에게 설법하며, 방편력으로 어떻게 중생을 구제하는지 묻는다. 이에 서른세가지 모습으로 온갖 국토를 다니시며 중생의 위험과 고난을 구제하기 때문에 모두 관세음보살을 시무외자라 이름한다. 그리고 마지막으로 두루 몸을 나투는 관세음보살의 신통력을 들은 사람의 공덕이 적지 않음을 지지보살이 찬탄한다. 부처님께서 이 「관세음보살보문품」을 설할 때, 8만 4천명의 대중이 모두 최상의 깨달음을 향해서 발심하면서 이 품이 끝난다.

원문

1강 - 한문 경문

묘 법 연 화 경 관 세 음 보 살 보 문 품 제 이 십 오
妙法蓮華經觀世音菩薩普門品 第二十五

이 시 무 진 의 보 살 즉 종 좌 기 편 단 우 견 합 장 향 불 이 작 시 언
爾時無盡意菩薩卽從座起 偏袒右肩合掌向佛而作是言

세 존 관 세 음 보 살 이 하 인 연 명 관 세 음 불 고 무 진 의 보 살
世尊 觀世音菩薩 以何因緣名觀世音 佛告無盡意菩薩

선 남 자 약 유 무 량 백 천 만 억 중 생 수 제 고 뇌 문 시 관 세 음 보
善男子若有無量百千萬億衆生受諸苦惱 聞是觀世音菩

살 일 심 칭 명 관 세 음 보 살 즉 시 관 기 음 성 개 득 해 탈 약 유
薩 一心稱名 觀世音菩薩卽時觀其音聲皆得解脫 若有

지 시 관 세 음 보 살 명 자 설 입 대 화 화 불 능 소 유 시 보 살 위 신
持是觀世音菩薩名者 設入大火火不能燒 由是菩薩威神

력 고 약 위 대 수 소 표 칭 기 명 호 즉 득 천 처 약 유 백 천 만 억
力故 若爲大水所漂 稱其名號卽得淺處 若有百千萬億

중 생 위 구 금 은 유 리 자 거 마 노 산 호 호 박 진 주 등 보 입 어 대
衆生 爲求金銀琉璃車渠瑪瑙珊瑚琥珀眞珠等寶 入於大

해 가 사 흑 풍 취 기 선 방 표 타 나 찰 귀 국 기 중 약 유 내 지 일
海 假使黑風吹其船舫 飄墮羅刹鬼國 其中若有乃至一

인 칭 관 세 음 보 살 명 자 시 제 인 등 개 득 해 탈 나 찰 지 난
人 稱觀世音菩薩名者 是諸人等 皆得解脫羅刹之難

이시인연명관세음 약부유인 임당피해 칭관세음보살
以是因緣名觀世音 若復有人 臨當被害 稱觀世音菩薩

명자 피소집도장 심단단괴 이득해탈 약삼천대천국
名者 彼所執刀杖 尋段段壞 而得解脱 若三千大千國

토만중야차나찰 욕래뇌인 문기칭관세음보살명자 시
土滿中夜叉羅刹 欲來惱人 聞其稱觀世音菩薩名者 是

제악귀 상불능이악안시지 황부가해 설부유인 약유
諸惡鬼 尚不能以惡眼視之 況復加害 設復有人 若有

죄약무죄 추계가쇄검계기신 칭관세음보살명자 개실
罪若無罪 杻械枷鎖檢繫其身 稱觀世音菩薩名者 皆悉

단괴즉득해탈 약삼천대천국토만중원적 유일상주장제
斷壞卽得解脱 若三千大千國土滿中怨賊 有一商主將諸

상인 재지중보경과험로 기중일인작시창언 제선남자
商人 齎持重寶經過嶮路 其中一人作是唱言 諸善男子

물득공포 여등 응당일심칭관세음보살명호 시보살능
勿得恐怖 汝等 應當一心稱觀世音菩薩名號 是菩薩能

이무외시어중생 여등 약칭명자 어차원적당득해탈
以無畏施於衆生 汝等 若稱名者 於此怨賊當得解脱

중상인문구발성언나무관세음보살 칭기명고즉득해탈
衆商人聞俱發聲言南無觀世音菩薩 稱其名故卽得解脱

무진의 관세음보살마하살 위신지력외외여시
無盡意 觀世音菩薩摩訶薩 威神之力巍巍如是

약유중생다어음욕 상념공경관세음보살 변득이욕 약
若有衆生多於婬欲 常念恭敬觀世音菩薩 便得離欲 若

다진에 상념공경관세음보살 변득이진 약다우치 상
多瞋恚 常念恭敬觀世音菩薩 便得離瞋 若多愚癡 常

념공경관세음보살 변득이치 무진의 관세음보살 유
念恭敬觀世音菩薩 便得離癡 無盡意 觀世音菩薩 有

여시등대위신력다소요익 시고중생상응심념 약유여인
如是等大威神力多所饒益 是故衆生常應心念 若有女人

설욕구남 예배공양관세음보살 변생복덕지혜지남 설
設欲求男 禮拜供養觀世音菩薩 便生福德智慧之男 設

욕구녀 변생단정유상지녀 숙식덕본중인애경 무진의
欲求女 便生端正有相之女 宿殖德本衆人愛敬 無盡意

관세음보살 유여시력 약유중생 공경예배관세음보살
觀世音菩薩 有如是力 若有衆生 恭敬禮拜觀世音菩薩

복부당손 시고중생 개응수지관세음보살명호무진의
福不唐捐 是故衆生 皆應受持觀世音菩薩名號無盡意

약유인수지육십이억항하사보살명자 부진형공양음식
若有人受持六十二億恒河沙菩薩名字 復盡形供養飮食

의복와구의약 어여의운하 시선남자선여인공덕다부
衣服臥具醫藥 於汝意云何 是善男子善女人功德多不

무진의언 심다세존 불언 약부유인수지관세음보살명
無盡意言 甚多世尊 佛言 若復有人受持觀世音菩薩名

호 내지일시예배공양 시이인복정등무이 어백천만억
號 乃至一時禮拜供養 是二人福正等無異 於百千萬億

겁불가궁진 무진의 수지관세음보살명호 득여시무량
劫不可窮盡 無盡意 受持觀世音菩薩名號 得如是無量

무변복덕지리
無邊福德之利

무진의보살백불언 세존 관세음보살 운하유차사바세
無盡意菩薩白佛言 世尊 觀世音菩薩 云何遊此娑婆世

계 운하이위중생설법 방편지력 기사운하 불고무진
界 云何而爲衆生說法 方便之力 其事云何 佛告無盡

의보살 선남자 약유국토중생응이불신득도자 관세음
意菩薩 善男子 若有國土衆生應以佛身得度者 觀世音

보살 즉현불신이위설법 응이벽지불신득도자 즉현벽
菩薩 卽現佛身而爲說法 應以辟支佛身得度者 卽現辟

지불신이위설법 응이성문신득도자 즉현성문신이위설
支佛身而爲說法 應以聲聞身得度者 卽現聲聞身而爲說

법 응이범왕신득도자 즉현범왕신이위설법 응이제석
法 應以梵王身得度者 卽現梵王身而爲說法 應以帝釋

신득도자 즉현제석신이위설법 응이자재천신득도자
身得度者 卽現帝釋身而爲說法 應以自在天身得度者

즉현자재천신이위설법 응이대자재천신득도자 즉현대
卽現自在天身而爲說法 應以大自在天身得度者 卽現大

자재천신이위설법 응이천대장군신득도자 즉현천대장
自在天身而爲說法 應以天大將軍身得度者 卽現天大將

군신이위설법 응이비사문신득도자 즉현비사문신이위
軍身而爲說法 應以毘沙門身得度者 卽現毘沙門身而爲

설법 응이소왕신득도자 즉현소왕신이위설법 응이장
說法 應以小王身得度者 卽現小王身而爲說法 應以長

자신득도자 즉현장자신이위설법 응이거사신득도자
者身得度者 卽現長者身而爲說法 應以居士身得度者

즉현거사신이위설법 응이재관신득도자 즉현재관신이
卽現居士身而爲說法 應以宰官身得度者 卽現宰官身而

위설법 응이바라문신득도자 즉현바라문신이위설법
爲說法 應以婆羅門身得度者 卽現婆羅門身而爲說法

응이비구비구니우바새우바이신득도자 즉현비구비구
應以比丘比丘尼優婆塞優婆夷身得度者 卽現比丘比丘

니우바새우바이신이위설법 응이장자거사재관바라문
尼優婆塞優婆夷身而爲說法 應以長者居士宰官婆羅門

부녀신득도자 즉현부녀신이위설법 응이동남동녀신득
婦女身得度者 卽現婦女身而爲說法 應以童男童女身得

도자 즉현동남동녀신이위설법 응이천룡야차건달바아
度者 卽現童男童女身而爲說法 應以天龍夜叉乾闥婆阿

수라가루라긴나라마후라가인비인등신득도자 즉개현
修羅迦樓羅緊那羅摩睺羅伽人非人等身得度者 卽皆現

지이위설법 응이집금강신득도자 즉현집금강신이위설
之而爲說法 應以執金剛身得度者 卽現執金剛身而爲說

법 무진의 시관세음보살 성취여시공덕 이종종형유
法 無盡意 是觀世音菩薩 成就如是功德 以種種形遊

제국토도탈중생 시고여등 응당일심공양관세음보살
諸國土度脫衆生 是故汝等 應當一心供養觀世音菩薩

시관세음보살마하살 어포외급난지중능시무외 시고차
是觀世音菩薩摩訶薩 於怖畏急難之中能施無畏 是故此

사바세계 개호지위시무외자 무진의보살백불언 세존
娑婆世界 皆號之爲施無畏者 無盡意菩薩白佛言 世尊

아금당공양관세음보살 즉해경중보주영락 가직백천량
我今當供養觀世音菩薩 卽解頸衆寶珠瓔珞 價直百千兩

금 이이여지 작시언 인자 수차법시진보영락 시관
金 而以與之 作是言 仁者 受此法施珍寶瓔珞 時觀

세음보살불긍수지 무진의부백관세음보살언 인자 민
世音菩薩不肯受之 無盡意復白觀世音菩薩言 仁者 愍

아등고 수차영락 이시불고관세음보살 당민차무진의
我等故 受此瓔珞 爾時佛告觀世音菩薩 當愍此無盡意

보살급사중천룡야차건달바아수라가루라긴나라마후라
菩薩及四衆天龍夜叉乾闥婆阿修羅迦樓羅緊那羅摩睺羅

가인비인등고 수시영락 즉시관세음보살민제사중급어
伽人非人等故 受是瓔珞 卽時觀世音菩薩愍諸四衆及於

천룡인비인등 수기영락 분작이분 일분봉석가모니불
天龍人非人等 受其瓔珞 分作二分 一分奉釋迦牟尼佛

일분봉다보불탑 무진의 관세음보살 유여시자재신력
一分奉多寶佛塔 無盡意 觀世音菩薩 有如是自在神力

유어사바세계 이시무진의보살 이게문왈
遊於娑婆世界 爾時無盡意菩薩 以偈問曰

원문

2강 – 한문 경문

세 존 묘 상 구 世尊妙相具	아 금 중 문 피 我今重問彼	불 자 하 인 연 佛子何因緣	명 위 관 세 음 名爲觀世音
구 족 묘 상 존 具足妙相尊	게 답 무 진 의 偈答無盡意	여 청 관 음 행 汝聽觀音行	선 응 제 방 소 善應諸方所
홍 서 심 여 해 弘誓深如海	역 겁 불 사 의 歷劫不思議	시 다 천 억 불 侍多千億佛	발 대 청 정 원 發大淸淨願
아 위 여 약 설 我爲汝略說	문 명 급 견 신 聞名及見身	심 념 불 공 과 心念不空過	능 멸 제 유 고 能滅諸有苦
가 사 흥 해 의 假使興害意	퇴 락 대 화 갱 推落大火坑	염 피 관 음 력 念彼觀音力	화 갱 변 성 지 火坑變成池
혹 표 류 거 해 或漂流巨海	용 어 제 귀 난 龍魚諸鬼難	염 피 관 음 력 念彼觀音力	파 랑 불 능 몰 波浪不能沒
혹 재 수 미 봉 或在須彌峰	위 인 소 퇴 타 爲人所推墮	염 피 관 음 력 念彼觀音力	여 일 허 공 주 如日虛空住
혹 피 악 인 축 或被惡人逐	타 락 금 강 산 墮落金剛山	염 피 관 음 력 念彼觀音力	불 능 손 일 모 不能損一毛
혹 치 원 적 요 或値怨賊繞	각 집 도 가 해 各執刀加害	염 피 관 음 력 念彼觀音力	함 즉 기 자 심 咸即起慈心
혹 조 왕 난 고 或遭王難苦	임 형 욕 수 종 臨刑欲壽終	염 피 관 음 력 念彼觀音力	도 심 단 단 괴 刀尋段段壞
혹 수 금 가 쇄 或囚禁枷鎖	수 족 피 추 계 手足被杻械	염 피 관 음 력 念彼觀音力	석 연 득 해 탈 釋然得解脫

주저제독약 소욕해신자 염피관음력 환착어본인
呪詛諸毒藥 所欲害身者 念彼觀音力 還著於本人

혹우악나찰 독룡제귀등 염피관음력 시실불감해
或遇惡羅刹 毒龍諸鬼等 念彼觀音力 時悉不敢害

약악수위요 이아조가포 염피관음력 질주무변방
若惡獸圍遶 利牙爪可怖 念彼觀音力 疾走無邊方

완사급복헐 기독연화연 염피관음력 심성자회거
蚖蛇及蝮蠍 氣毒煙火燃 念彼觀音力 尋聲自迴去

운뢰고체전 강박주대우 염피관음력 응시득소산
雲雷鼓掣電 降雹澍大雨 念彼觀音力 應時得消散

중생피곤액 무량고핍신 관음묘지력 능구세간고
衆生被困厄 無量苦逼身 觀音妙智力 能救世間苦

구족신통력 광수지방편 시방제국토 무찰불현신
具足神通力 廣修智方便 十方諸國土 無刹不現身

종종제악취 지옥귀축생 생노병사고 이점실령멸
種種諸惡趣 地獄鬼畜生 生老病死苦 以漸悉令滅

진관청정관 광대지혜관 비관급자관 상원상첨앙
眞觀淸淨觀 廣大智慧觀 悲觀及慈觀 常願常瞻仰

무구청정광 혜일파제암 능복재풍화 보명조세간
無垢淸淨光 慧日破諸闇 能伏災風火 普明照世間

비체계뇌진 자의묘대운 주감로법우 멸제번뇌염
悲體戒雷震 慈意妙大雲 澍甘露法雨 滅除煩惱焰

쟁송경관처 포외군진중 염피관음력 중원실퇴산
諍訟經官處 怖畏軍陣中 念彼觀音力 衆怨悉退散

묘음관세음 범음해조음 승피세간음 시고수상념
妙音觀世音 梵音海潮音 勝彼世間音 是故須常念

염념물생의 관세음정성 어고뇌사액 능위작의호
念念勿生疑 觀世音淨聖 於苦惱死厄 能爲作依怙

구일체공덕 자안시중생 복취해무량 시고응정례
具一切功德 慈眼視衆生 福聚海無量 是故應頂禮

이 시 지 지 보 살 즉 종 좌 기　전 백 불 언　세 존　약 유 중 생　문
爾時持地菩薩卽從座起　前白佛言　世尊　若有衆生　聞

시 관 세 음 보 살 품 자 재 지 업 보 문 시 현 신 통 력 자　당 지 시 인
是觀世音菩薩品自在之業普門示現神通力者　當知是人

공 덕 불 소　불 설 시 보 문 품 시　중 중 팔 만 사 천 중 생　개 발 무
功德不少　佛說是普門品時　衆中八萬四千衆生　皆發無

등 등 아 뇩 다 라 삼 막 삼 보 리 심
等等阿耨多羅三藐三菩提心

해석

1강 – 한글 경문

그 때 무진의보살이 곧 자리에서 일어나 한쪽 어깨를 드러내고, 부처님께 합장하고 이렇게 여쭙기를 “세존이시여, 관세음보살은 어떤 인연으로 이름을 관세음이라 하나이까?” 하니, 부처님께서 무진의보살에게 대답하셨다.

“선남자여 만약 무량백천만억 중생이 있어 고통과 번뇌를 받을 때 이 관세음보살의 이름을 듣고, 간절한 마음으로 그 이름을 부른다면 관세음보살이 즉시 그 음성을 알아 보시고, 모든 괴로움을 없애 주시느니라. 만약 이 관세음보살의 이름을 지니고 설령 큰 불속에 들어가더라도 불이 그 사람을 태우지 못하나니, 관세음보살의 위신력 때문이며, 만약 큰 물에 떠내려가도, 그 명호를 부르면 곧 얕은 곳에 도달하게 되느니라. 만약 백천만억 중생들 있어 금은 유리 자거 마노 산호 호박 진주등 보물을 구하기 위해서 큰 바다에 들어 갔는데, 설령 흑풍이 불어 그 배가 표류하다가 나찰국토에 떨어지게 되더라도 그 속에서 한 사람이라도 관세음보살의 이름을 부른다면 이 사람들 모두 나찰의 난에서 벗어나게 되리라. 이런 까닭으로 이름을 관세음보살이라 하느니라. 또한 만약 어떤 사람이 피해를 당하려 할 때 관세음보살의 이름을 부르게 되면 잡은 칼과 몽둥이가 조각조각 부서져 그 피해에서 벗어나게 되리라. 만약 삼천대천 국토에 가득한 야차와 나찰들 와서 사람들을 괴롭히려 할 때 관세음보살의 이름을 부르는 것을 듣게 되면 오히려 악한 눈으로 그 사람을 보지도 못하는데 하물며 해를 가하겠는가? 다시 설령 어떤 사람 죄가 있든 없든 수갑과 형틀, 칼과 족쇄 그 몸을 결박하고 있는데, 관세음보살의 이름을 부른다면 모두 다 끊어지고 부서져서 벗어나게 되느니라. 만약 삼천대천세계에 원수와 적들 가득한데 상주가 있어 상인들 거느리고 여러 가지 보물을 가지고 험한 길을 지나가려 할 때 그 속에 한 사람 있어 말하되 "선남자들이여 두려워 말라 그대들은 응당 일심으로 관세음보살의 명호를 부르라. 이 보살님은 두려움 없음을 중생들에게 보시하나니, 그대들이 만약 이름을 부른다면 이 원수와 적들 속에서 벗어나리라." 하자 상인들이 그 소리를 듣고 모두 「나무관세음보살」 하고 관세음보살의 이름을 부르기 때문에 곧 해탈을 얻느니라. 무진의여, 관세음보살마하살 위신력이 이와 같이 뛰어나고 위대하느니라.

만약 중생들 음욕이 많아도 항상 관세음보살을 염하고 공경하면 곧 음욕이 사라지느니라. 만약 화를 잘 내더라도 항상 관세음보살을 염하고 공경하면 곧 화내는 마음이 사라지느니라. 만약 어리석음이 많더라도 항상 관세음보살을 염하고 공경하면 곧 어리석음이 사라지느니라. 무진의여, 관세음보살은 이와 같은 대위신력이 있어 중생들에게 이익을 많이 주기 때문에 중생들은 항상 마음으로 관세음보살을 염해야 하느니라. 만약 어떤 여인이 아들을 얻기 위해서 관세음보살에게 예배하고 공양한다면 곧 복덕과 지혜를 가진 아들을 낳게 될 것이며, 설령 딸을 원한다면 곧 단정하고 아름다운 딸을 낳게 될 것이니 과거세에 공덕의 씨앗을 뿌린 인연으로 대중이 모두 사랑하고 공경하게 되리라. 무진의여, 관세음보살은 이와 같은 신통력이 있느니라. 만약 중생들 있어 관세음보살께 예배 공경한다면 그 복은 헛되이 사라지지 않느니라. 이런 까닭에 중생들은 모두 응당 관세음보살의 명호를 수지해야 하느니라. 무진의여, 만약 어떤 사람 있어 62억 항하사 보살의 이름을 수지하고 다시 목숨이 다하도록 음식과 의복과 침구와 의약을 공양한다면, 그대는 어떻게 생각하는가? 이 선남자 선여인의 공덕이 많겠는가? 그렇지 않겠는가? 무진의 보살이 대답하되 "매우 많습니다. 세존이시여!" 부처님께서 말씀하시되, "만약 또 어떤 사람이 있어 관세음보살의 명호를 지니되 잠시라도 예배 공양한다면 이 두 사람의 복이 똑같아 조금도 차이가 없나니, 백천만억겁 동안 가히 다함이 없느니라. 무진의여, 관세음보살의 명호를 수지하면 이와 같은 무량 무변 복덕의 이익을 얻게 되느니라."

무진의보살이 부처님께 여쭈었다.

"세존이시여, 관세음보살은 어떻게 사바 세계를 다니며, 어떻게 중생에게 설법하며, 방편력으로 중생 구제하는 일은 어떠하나이까?" 부처님께서 무진의보살에게 말씀하셨다. "선남자여, 만약 국토에 중생이 있어 부처님의 몸으로 제도할 중생은 관세음보살이 곧 부처님의 몸을 나타내어 설법하며, 벽지불의 몸으로 제도할 중생에게는 벽지불의 몸을 나타내어 설법하며, 성문의 몸으로 제도할 중생에게는 곧 성문의 몸을 나타내어 설법하며, 범천왕의 몸으로 제도할 중생에게는 곧 범천왕의 몸을 나타내어 설법하며, 제석천의 몸으로 제도할 사람은 곧 제석천의 몸을 나타내어 설법하며, 자재천신의 몸으로 제도할 사람은 곧 자재천신의 몸을 나타내어 설법하며, 대자재천신으로 제도할 사람은 곧 대자재천신의 몸을 나타내어 설법하며, 천대장군의 몸으로 제도할 사람은 곧 천대장군의 몸을 나타내어 설법하며, 비사문의 몸으로 제도할 사람에게는 곧 비사문의 몸을 나타내어 설법하며, 소왕(小王)의 몸으로 제도할 사람은 곧 소왕의 몸을 나타내어 설법하며, 장자의 몸으로 제도할 사람은 곧 장자의 몸을 나타내어 설법하며, 거사의 몸으로 제도할 사람은 곧 거사의 몸을 나타내어 설법하며, 관리의 몸으로 제도할 사람들은 관리의 몸을 나타내어 설법하며, 바라문의 몸으로 제도할 사람은 곧 바라문의 몸을 나타내어 설법하며, 비구 비구니 우바새 우바이의 몸으로 제도할 사람은 비구 비구니 우바새 우바이의 몸을 나타내어 설법하며, 장자 거사 관리 바라문 부인의 몸으로 제도할 사람에게는 그 부인의 몸을 나타내어 설법하며, 소년 소녀의 몸으로 제도할 사람에게는 곧 소년 소녀의 몸을 나타내어 설법하며, 천룡 야차 건달바 아수라 가루라 긴나라 마후라가 인비인 등의 몸으로 제도할 사람에게는 곧 모두 그 모습을 나타내어 설법하며, 집금강신의 몸으로 제도할 사람에게는 집금강신의 몸을 나타내어 설법하느니라."

"무진의여, 이 관세음보살은 이와 같은 공덕을 성취하여 온갖 모습으로 모든 국토를 다니면서 중생을 제도하느니라. 이런 까닭으로 그대들이 응당 일심으로 관세음보살에게 공양해야 하느니라. 이 관세음보살마하살이 공포와 두려움의 급박한 액난 속에서 능히 그 두려움을 없애 주시나니, 그런 까닭에 이 사바 세계에서 모두 그 이름을 두려움을 없애 주시는 분(無畏施者)이라 하느니라." 무진의보살이 세존께 여쭙되 "세존이시여 저는 지금 응당 관세음보살님께 공양을 올리겠나이다." 하고는 목에 건 여러 보배구슬로 된 영락 목걸이, 그 가치가 백천량금이나 되는데 그것을 풀어 공양 올리면서 말하되, "인자(仁者)시여, 이 법으로 보시하는 진주보배 영락 목걸이를 받으소서!" 이 때 관세음보살이 그것을 받으려 하지 않으시니, 무진의보살이 다시 관세음보살님께 여쭙되 "인자이시여, 저희들을 불쌍히 여겨 이 영락을 받으소서."

이 때 부처님께서 관세음보살에게 말씀하시되 "마땅히 이 무진의보살과 사부대중과 천룡 야차 건달바 아수라 가루라 긴나라 마후라가 인비인 등을 불쌍히 여겨 이 영락을 받으시오!" 하니 즉시 관세음보살이 사부대중과 천룡 인비인 등을 불쌍히 여겨 그 영락을 받아 두 개로 나누되, 하나는 석가모니부처님께 올리고, 하나는 다보부처님께 올렸느니라. 무진의여, 관세음보살은 이와 같은 자재한 신통력이 있어 사바세계를 다니느니라.

이 때 무진의보살이 게를 설해 여쭈었다.

해석

2강 – 한글 경문

묘상 갖춘 세존이시여 제가 지금 거듭 여쭙나니
저 불자 어떤 인연으로 이름이 관세음입니까?
묘상 갖춘 세존 게송으로 무진의에게 답하시되
그대는 모든 곳에 잘 응현하는 관음보살의
보살행을 들으라. 넓은 서원 바다와 같아서
수 많은 겁(劫)동안 헤아릴 수 없고 천억 부처님
보다 많은 분들 모시고 큰 청정원을 세웠느니라.
내가 그대들 위해서 간략히 설하자면 부처님 명호
듣고 불신 친견하며 마음으로 염했기에 헛되이
지나가지 않고 능히 모든 고통 멸하네
설령 해치고자 하는 마음을 내어 큰 불구덩이에
밀어 떨어뜨려도 저 관세음보살의 위신력을
염하는 까닭에 불구덩이 연못으로 변하며
혹시 큰 바다에 표류하다가 용과 고기 귀신의 난을
만나도 저 관세음보살의 위신력을 생각하는

까닭에 파도가 삼키지 못하며 혹시 수미산 봉우리에서
어떤 사람이 밀어 떨어뜨려도 저 관세음의 위신력을
생각하는 까닭에 마치 태양이 허공에 머무는 것과
같으며 혹시 악인에 쫓겨 금강산에 떨어져도
저 관세음의 위신력을 염하는 까닭에 털끝 하나도
다치지 않으며 혹은 원수나 적들에게 둘러싸여
각기 칼을 들고 위해를 가하여도 관세음의 위신력을
염하는 까닭에 그들 모두가 곧 자비심을 일으키며
혹시 왕난(王難)의 고통을 당하여 형을 받아서
목숨이 사라질 위기라도 저 관세음보살의 위신력을
염하는 까닭에 칼이 조각 조각 부서지느니라.

혹시 옥에 갇혀 칼과 족쇄에 수족이 형틀에 묶여
있어도 저 관세음의 위신력을 염하는 까닭에
석방되어 풀려나게 되느니라. 저주나 독약으로 해치려
하는 자가 있다면 저 관세음의 위신력을 염하는 까닭에
본인에게 그 해악이 돌아가느니라.
혹시 악한 나찰이나 독룡 귀신등을 만난다면 저 관세음
위신력을 염하는 까닭에 이 때 모두 감히 해치지 못하며
나쁜 맹수에 둘러싸여 날카로운 이빨과 발톱 두렵지만
저 관세음 위신력을 염하는 까닭에 멀리 도망치며

살모사와 전갈 독기를 불같이 연기 뿜어도
저 관세음의 위신력을 염하는 까닭에
소리 듣고 스스로 돌아가며 구름 속에서 뇌성 일고
번개치며, 우박과 큰 비가 내리더라도 저 관세음의
위신력을 염하는 까닭에 때맞추어 사라지며
중생들 곤란과 액난을 당하여 무량한 고통 몸을
핍박하여도 관세음 보살의 신비한 지혜의 힘이
능히 세상의 괴로움을 구제해 주느니라.

신통력을 구족하며 널리 지혜의 방편을 닦아 시방의
모든 국토에 몸을 나투지 않는 곳 없으시네.
온갖 악도인 지옥과 아귀와 축생의 생노병사 고통
점차 모두 다 멸하게 하느니라. 진관 청정관
광대지혜관 비관 자관을 항상 원하고 항상 우러러 보며
티없이 청정한 빛인 지혜의 태양 모든 어둠을 파하며
능히 바람과 불의 재앙을 조복시키며 두루 세간을
밝게 비추네. 자비의 핵심인 계(戒)는 우레같이
진동하며, 자비스런 마음은 뛰어나 큰 구름이 되어
감로법우를 내려 번뇌의 불꽃을 없애주느니라.

소송하는 관청이나 두려운 군부대 속에서라도

저 관세음을 염하는 까닭에 여러 원수들 모두
물러가느니라. 묘음 관세음 범음 해조음이 저
세간의 소리보다 뛰어나느니, 그래서 모름지기
늘 생각하되 생각 생각에 의심을 품지 말라.
청정하고 성스러운 관세음보살 고뇌와 죽음의 액난
당하여 능히 의지할 분이 되느니라.
일체의 공덕을 갖추었으며 자비의 눈으로 중생들
살피시니 복의 무더기 바다와 같이 무량하니
이런 까닭으로 응당 머리숙여 예배해야 하느니라.

이 때 지지보살이 곧 자리에서 일어나 앞으로 나아가서 부처님께 말씀드렸다.

"세존이시여, 만약 어떤 중생이 있어 이 관세음보살품의 자재한 행동인 두루 몸을 나투시는(普門示現) 신통력을 듣는 중생은 마땅히 이 사람의 공덕이 무량하다는 것을 알아야 하나이다." 이 때 부처님께서 관세음보살보문품을 설하시니, 8만 4천의 대중이 모두 아뇩다라삼먁삼보리심을 발하였느니라.

강의 1강

이 관세음보살보문품은

대승불교권에서 2000년 가까이 왕실에서부터 일반 민중들에 이르기까지 무수한 사람들이 관음신앙(觀音信仰)을 통해서 삶에 큰 위안을 얻었고 그 자체를 수행의 한 방편으로 삼기도 하였다. 현재 한국불교의 거의 대부분 사찰에서 매일 아침 저녁으로 기도하고 독경할 때 천수경을 독경하고 관음정근을 많이 한다.

특히 입시 때는 더욱 더 열심히 관음정근을 하고 있다. 천수경의 본래 이름은 인도의 가범달마가 번역한 『천수천안 관세음보살 광대원만무애 대비심 다라니경』이 그 원형에 가깝다고 한다. 줄여서 천수경이라고 일반적으로 부르고 있다.

곧 관세음보살이 천 개의 손과 천 개의 눈으로 중생들의 위난(危難)을 보고, 그들이 일심으로 관세음보살의 명호를 부르는 소리를 듣고 곧 그 두려움과 고통에서 구해준다는 의미이다. 천수경은 관세음보살의 위신력을 밝히고 있는 경전이고, 그 속의 핵심적인 내용인 『신묘장구대다라니』도 일반적으로 천수다라니라 부르는데, 천수천안 관세음보살의 공덕을 찬탄하고, 그 관세음보살의 삼매를 나타내는 다라니이다. 곧 한국에서 일반적으로 독송하는 천수경도 관음신앙에서 유래한다. 현재 수 많은 사람들이 신앙하고 있는 이 관음신앙의 뿌리는 당연히 법화경 제25 관세음보살보문품에서 유래한다. 관세음보살은 누구든지 어디서나 일념으로 자신의 이름을 부르면 그 소리를 듣고 중생들에게 그들이 원하는 다양한 모습으로 나타나서 그 고통을 없애주는 분이다. 그리고 현실적 이익을 주어서 중생들을 제도하는 대보살이시다. 그 바탕에는 중생들을 대자비심을 가지고 불도(佛道)로 인도하고자 하는 원력과 신통력이 있기 때문에 가능한 일이다.

관세음보살의 가피를 받은 수많은 사례들이 삼국유사나 법화영험담이나 신행담에 소개되고 있다. 힘들 때 지극한 마음으로 관세음보살을 부르는 것은 부처님의 가피력으로 그 시련을 이겨낼 수 있다는 믿음에서 나온다. 그리고 그 믿음은 자신이 스스로 이겨나갈 수 있는 힘을 준다. 곧 부처님의 가피력은 타력(他力)이지만 자기 스스로 부처님께 기도하고, 의지를 가지고 어려움을 극복하려는 마음은 자력(自力)인 것이다. 부처님의 가피력과 자신의 노력이 합쳐질 때, 모든 두려움과 고통은 끝날 것이다. 이것이 진정한 의미의 관음신앙이 아닐까 생각한다. 한국 불교에서 일반적으로 기도의례 때 관세음보살 정근을 시작하는 청(請)과 마칠 때 하는 관음찬탄 게송이 있다.

정근을 시작할 때

1. 나무(南無) 보문시현(普門示現) 원력홍심(願力弘深) 대자대비(大慈大悲) 구고구난(救苦救難) 관세음보살(觀世音菩薩) …관세음보살…

해석

두루 몸을 나타내시어 중생을 구제하시고, 원력의 힘은 넓고 깊네. 대자비심으로 중생들의 고통과 위난을 구해주시는 관세음보살님께 지극한 마음으로 귀의합니다.

정근을 마칠 때

2. 관세음보살 멸업장진언 《옴 아로늑계 사바하 (세번) 》

해석

관세음보살의 위신력으로 모든 업장을 소멸하는 진언

옴 아로늑계 사바하 (3번)

3. 구족신통력(具足神通力) 광수지방편(廣修智方便) 시방제국토(十

方諸國土) 무찰불현신(無刹不現身) 고아일심(故我一心) 귀명정례(歸命頂禮)

해석

신통력을 구족하시고, 지혜의 방편 널리 닦아서, 시방의 모든 국토에 그 몸을 나투시지 않는 곳 없으시네. 그런 까닭에 내가 일심으로 목숨을 다해서 예배 드립니다.

강의 2강

여기는 운문의 게송인데, 여기서 관음찬이 등장한다.

구족신통력(具足神通力) 광수지방편(廣修智方便) 시방제국토(十方諸國土) 무찰불현신(無刹不現身) 고아일심(故我一心) 귀명정례(歸命頂禮)

위의 청(請)과 게송은 관음기도 때 일상적으로 독송하는 내용인데, 여기 내용은 모두 관세음보살보문품에 나오는 경구이다. 중생들의 간절한 기도에 관세음보살님이 자비심으로 감응하신다는 뜻이다.

그리고 마하지관의 이론적인 근거도 여기 운문게송의 5관게에서 유래한다.

진관 · 청정관 · 광대지혜관 · 비관 · 자관이 5관이며, 천태지의의 대표적인 수행법인 마하지관의 이론적 근거가 되며, 제25 관세음보살보문품은 관음신앙의 모태이며, 불교역사에 중요한 가치를 가지고 있다.

제26 다라니품

범어로 Dhāranī Parivartaḥ인데, Dhāranī는 한문으로는 총지(總持)라 번역했는데 그 의미는 무량한 이치를 모두 지녀 잃지 않고 생각하는 지혜의 힘을 뜻한다. 일반적으로 번역하지 않고 다라니라는 범어 원어를 지금도 그대로 사용하며, 이 품도 범어 그대로 다라니품으로 음차하여 사용하였다.

약왕보살이 부처님께 법화경을 수지 독송하는 사람의 공덕을 묻자, 법화경 사구게(四句偈) 하나를 수지 독송하고 수행하는 공덕도 이루 헤아릴 수 없다고 설하신다. 그러자 약왕보살은 부처님께 이 경전을 설하는 사람에게 다라니주를 주어, 자신이 그들을 수호하겠다고 서원을 세운다. 그러자 용시보살도 불전에서 다라니주를 외워 법사를 보호하겠다고 밝힌다. 이어서 비사문천왕 · 지국천왕 · 10명의 나찰녀들이 차례로 다라니주를 설하여 법사들을 수호하겠다고 맹세한다. 그러자 부처님께서 그들을 칭찬하시고 그 임무를 위촉하신다.

원문

1강 – 한문 경문

이시약왕보살즉종좌기 편단우견합장향불 이백불언
爾時藥王菩薩卽從座起 偏袒右肩合掌向佛 而白佛言

세존 약선남자선여인 유능수지법화경자 약독송통리
世尊 若善男子善女人 有能受持法華經者 若讀誦通利

약서사경권 득기소복 불고약왕 약유선남자선여인
若書寫經卷 得幾所福 佛告藥王 若有善男子善女人

공양팔백만억나유타항하사등제불 어여의운하 기소득
供養八百萬億那由他恒河沙等諸佛 於汝意云何 其所得

복영위다부 심다세존 불언 약선남자선여인 능어시
福寧爲多不 甚多世尊 佛言 若善男子善女人 能於是

경 내지수지일사구게 독송해의여설수행 공덕심다
經 乃至受持一四句偈 讀誦解義如說修行 功德甚多

이시약왕보살백불언 세존 아금당여설법자 다라니주
爾時藥王菩薩白佛言 世尊 我今當與說法者 陀羅尼呪

이수호지 즉설주왈
以守護之 卽說呪曰

아니 마니 마녜 마마녜 지례 자리제 사마 사리다
安爾 曼爾 摩禰 摩摩禰 旨隸 遮梨第 賒咩 賒履多

위 선제 목제 목다리 사리 아위사리 상리
瑋 羶帝 目帝 目多履 娑履 阿瑋娑履 桑履

사리 사예 아사예 아기니 선제 사리 다라니 아로
娑履 叉裔 阿叉裔 阿耆膩 羶帝 賒履 陀羅尼 阿盧

가바사바자비사니 녜비제 아변다라녜리제
伽婆娑簸蔗毘叉膩 禰毘剃 阿便哆邏禰履剃

아단다바례수지 구구례 모구례 아라례 바라례 수
阿亶哆波隸輸地 漚究隸 牟究隸 阿羅隸 波羅隸 首

가차 아삼마삼리 불타비기리질제 달마바리차제 승
迦差 阿三磨三履 佛馱毘吉利袠帝 達磨波利差帝 僧

가열구사녜 바사바사수지 만다라 만다라사야다 우
伽涅瞿沙禰 婆舍婆舍輸地 曼哆邏 曼哆邏叉夜多 郵

루다 우루다교사라 악사라 악사야다야 아바로 아
樓哆 郵樓哆憍舍略 惡叉邏 惡叉冶多冶 阿婆盧 阿

마야나다야
摩若那多夜

세존 시다라니신주 육십이억항하사등제불소설 약유
世尊 是陀羅尼神呪 六十二億恒河沙等諸佛所説 若有

침훼차법사자 즉위침훼시제불이 시석가모니불찬약왕
侵毀此法師者 則爲侵毀是諸佛已 時釋迦牟尼佛讚藥王

보살언 선재선재 약왕 여민념옹호차법사고 설시다
菩薩言 善哉善哉 藥王 汝愍念擁護此法師故 説是陀

라니 어제중생다소요익 이시용시보살백불언 세존
羅尼 於諸衆生多所饒益 爾時勇施菩薩白佛言 世尊

아역위옹호독송수지법화경자 설다라니약차법사득시
我亦爲擁護讀誦受持法華經者 説陀羅尼若此法師得是

다라니 약야차 약나찰 약부단나 약길차 약구반다
陀羅尼 若夜叉 若羅刹 若富單那 若吉遮 若鳩槃茶

약아귀등 사구기단무능득변 즉어불전 이설주왈
若餓鬼等 伺求其短無能得便 卽於佛前 而說呪曰

자례 마하자례 우기 모기 아례 아라바제 열례제

痤隷 摩訶痤隷 郁枳 目枳 阿隷 阿羅婆第 涅隷第

열례다바제 이지니 위지니 지지니 열례지니 열례지

涅隷多婆第 伊緻柅 韋緻柅 旨緻柅 涅隷墀柅 涅犂墀

바지

婆底

세존 시다라니신주 항하사등제불소설 역개수희 약

世尊 是陀羅尼神呪 恒河沙等諸佛所說 亦皆隨喜 若

유침훼차법사자 즉위침훼시제불이

有侵毁此法師者 則爲侵毁是諸佛已

이시비사문천왕호세자백불언 세존 아역위민념중생옹

爾時毘沙門天王護世者白佛言 世尊 我亦爲愍念衆生擁

호차법사고 설시다라니 즉설주왈

護此法師故 說是陀羅尼 卽說呪曰

아리 나리 노나리 아나로 나리 구나리

阿梨 那梨 㝹那梨 阿那盧 那履 拘那履

세존 이시신주옹호법사 아역자당옹호지시경자 영백

世尊 以是神呪擁護法師 我亦自當擁護持是經者 令百

유순내무제쇠환

由旬內無諸衰患

이시지국천왕재차회중 여천만억나유타건달바중공경

爾時持國天王在此會中 與千萬億那由他乾闥婆衆恭敬

위요 전예불소합장백불언

圍遶 前詣佛所合掌白佛言

세존 아역이다라니신주 옹호지법화경자 즉설주왈

世尊 我亦以陀羅尼神呪 擁護持法華經者 卽說呪曰

아가녜 가녜 구리 건다리 전다리 마등기 상구리
阿伽禰 伽禰 瞿利 乾陀利 旃陀利 摩蹬耆 常求利

부루사니 알지
浮樓莎柅 頞底

세존 시다라니신주 사십이억제불소설 약유침훼차법
世尊 是陀羅尼神呪 四十二億諸佛所説 若有侵毁此法

사자 즉위침훼시제불이
師者 則爲侵毁是諸佛已

이시유나찰녀등 일명남바 이명비람바 삼명곡치 사
爾時有羅刹女等 一名藍婆 二名毘藍婆 三名曲齒 四

명화치 오명흑치 육명다발 칠명무염족 팔명지영락
名華齒 五名黑齒 六名多髮 七名無厭足 八名持瓔珞

구명고제 십명탈일체중생정기 시십나찰녀 여귀자모
九名皐帝 十名奪一切衆生精氣 是十羅刹女 與鬼子母

병기자급권속구예불소동성백불언 세존 아등역욕옹호
并其子及眷屬俱詣佛所同聲白佛言 世尊 我等亦欲擁護

독송수지법화경자 제기쇠환 약유사구법사단자 영불
讀誦受持法華經者 除其衰患 若有伺求法師短者 令不

득변 즉어불전 이설주왈
得便 卽於佛前 而説呪曰

이제리 이제미 이제리 아제리 이제리 니리 니리
伊提履 伊提泯 伊提履 阿提履 伊提履 泥履 泥履

니리 니리 니리 루혜 루혜 루혜 루혜 다혜 다혜
泥履 泥履 泥履 樓醯 樓醯 樓醯 樓醯 多醯 多醯

다혜 도혜 로혜
多醯 兜醯 㝹醯

영상아두상 막뇌어법사 약야차 약나찰 약아귀 약
寧上我頭上 莫惱於法師 若夜叉 若羅刹 若餓鬼 若

부단나 약길차 약비다라 약건타 약오마륵가 약아
富單那 若吉遮 若毘陀羅 若犍馱 若烏摩勒伽 若阿

발마라 약야차길차 약인길차 약열병 약일일약이일
跋摩羅 若夜叉吉遮 若人吉遮 若熱病 若一日若二日

약삼일약사일내지칠일 약상열병 약남형약여형 약동
若三日若四日乃至七日 若常熱病 若男形若女形 若童

남형약동녀형 내지몽중역부막뇌 즉어불전 이설게언
男形若童女形 乃至夢中亦復莫惱 卽於佛前 而說偈言

약불순아주 뇌란설법자 두파작칠분 여아리수지
若不順我呪 惱亂說法者 頭破作七分 如阿梨樹枝

여살부모죄 역여압유앙 두칭기광인 조달파승죄
如殺父母罪 亦如壓油殃 斗秤欺誑人 調達破僧罪

범차법사자 당획여시앙
犯此法師者 當獲如是殃

제나찰녀 설차게이백불언 세존 아등역당신자옹호수
諸羅刹女 說此偈已白佛言 世尊 我等亦當身自擁護受

지독송수행시경자 영득안은리제쇠환소중독약 불고제
持讀誦修行是經者 令得安隱離諸衰患消衆毒藥 佛告諸

나찰녀 선재선재 여등단능옹호수지법화명자 복불가
羅刹女 善哉善哉 汝等但能擁護受持法華名者 福不可

량 하황옹호구족수지공양경권 화향영락 말향도향소
量 何況擁護具足受持供養經卷 華香瓔珞 末香塗香燒

향 번개기악 연종종등 소등유등 제향유등 소마나
香 幡蓋伎樂 燃種種燈 酥燈油燈 諸香油燈 蘇摩那

화유등 첨복화유등 바사가화유등 우발라화유등 여
華油燈 瞻蔔華油燈 婆師迦華油燈 優鉢羅華油燈 如

시 등 백 천 종 공 양 자
是等百千種供養者

고 제　여 등 급 권 속　응 당 옹 호 여 시 법 사　설 시 다 라 니 품 시
皐帝　汝等及眷屬　應當擁護如是法師　說是陀羅尼品時

육 만 팔 천 인　득 무 생 법 인
六萬八千人　得無生法忍

해석

1강 – 한글 경문

그 때 약왕보살이 곧 자리에서 일어나 오른쪽 어깨를 드러내고 부처님을 향해 합장하고 여쭙기를 "세존이시여 만약 선남자 선여인이 능히 이 법화경을 수지하는 사람이 있어, 통달하거나 사경한다면 얻는 복이 얼마나 되나이까?"

부처님께서 약왕보살에게 말하되 "만약 선남자 선여인이 있어 8백만억 나유타 항하사의 제불을 공양한다면 그대는 어떻게 생각하는가? 그 얻는 복이 많지 않겠는가? "

"매우 많나이다. 세존이시여!" 부처님께서 이르시되 "만약 선남자 선여인이 이 경전의 사구게 하나라도 수지 독송 해설하며 설한대로 수행한다면 공덕이 매우 많느니라."

이 때 약왕보살이 부처님께 아뢰되

"세존이시여 제가 지금 설법자에게 다리니주를 주어서 그들을 수호하겠나이다." 하며 곧 다라니주를 설했다.

아니 마니 마녜 마마녜 지례 자리제 사마 사리다위 선제 목제

목다리 사리 아위사리 상리 사리 사예 아사예 아기니 선제 사리 다라니 아로가바사바자비사니 녜비제 아변다라녜리제

아단다바례수지 구구례 모구례 아라례 바라례 수가차 아삼마삼리 불타비기리질제 달마바리차제 승가열구사녜 바사바사수지 만다라 만다라사야다 우루다 우루다교사라 악사라 악사야다야 아바로 아마야나다야

"세존이시여 이 다라니신주는 62억 항하사 제불이 설법한 것이며 만약 이 법사에게 위해를 가한다면 곧 이 모든 부처님에게 위해를 가하는 것이 됩니다."

이 때 석가모니불께서 약왕보살을 찬탄하며 말씀하시되 "좋고 좋도다 약왕보살이여 그대는 이 법사를 걱정하여, 이 다라니를 설하니 모든 중생에게 이익됨이 많도다."

이 때 용시보살이 부처님께 아뢰되 "세존이시여 저 또한 법화경을 수지 독송하는 사람들 수호하기 위하여 다라니를 설하겠나이다. 만약 이 법사가 이 다라니를 얻는다면 야차나 나찰, 부단나 길차 구반다 아귀들이 이 법사의 단점을 찾아도 그 결점을 찾을 수 없을 것입니다." 하며 곧 부처님 앞에서 다라니주를 설하였다.

자례 마하자례 우기 모기 아례 아라바제 열례제 열례다바제 이지니 위지니 지지니 열례지니 열례지바지

"세존이시여 이 다라니신주는 항하사 제불이 설한 바이며, 또한 모두 기뻐하나이다. 만약 이 법사를 괴롭히는 사람 있다면 곧 모든 부처님을 괴롭히는 것이 될 것입니다."

이 때 세상을 보호하는 비사문천왕이 부처님께 아뢰되 "세존이시여 저 또한 중생을 불쌍히 여기고 이 법사들 수호하기 위하여 이 다라니 설하겠나이다." 하며

곧 다라니신주를 설하였다.

아리 나리 노나리 아나로 나리 구나리

"세존이시여 이 신주로 법사 옹호하고, 저 또한 스스로 이 경전 수지하는 사람들 옹호하여 백유순 이내에 온갖 우환이 없게 하겠나이다."

그 때 지국천왕이 법회에 참석하였는데 천만억 나유타 건달바 대중들의 공손한 호위를 받으며, 부처님 처소로 나아가 합장하고 여쭈었다. "세존이시여 저 또한 다라니신주로 법화경을 수지하는 사람을 옹호하겠나이다." 곧 신주를 말하였다.

아가네 가네 구리 건다리 전다리 마등기 상구리 부루사니 알지

"세존이시여 이 다라니신주는 42억 제불이 설한 것이며 만약 이 법사를 괴롭히는 자가 있다면 곧 이것은 제불을 괴롭히는 것이 될 것입니다."

이 때 나찰녀들 있으니, 첫째 남바, 둘째 비람바, 셋째 곡치, 넷째 화치, 다섯째 흑치, 여섯째 다발, 일곱째 무염족, 여덟째 지영락, 아홉째 고제, 열째 탈일체중생정기이니, 이 열명의 나찰녀들이 귀자모와 그 아들과 권속들과 함께 부처님 처소에 와서, 함께 소리내어 부처님께 아뢰되 "세존이시여 저희들도 또한 법화경을 수지 독송하는 사람들을 수호하고, 그 걱정을 없애주려고 하오니, 만약 법사의 약점을 찾는 자 있다고 하더라도, 그 기회를 찾지 못하게 하려 합니다" 하고 곧 불전에서 다라니(呪)를 설하였다.

이제리 이제미 이제리 아제리 이제리 니리 니리 니리 니리 니리 루혜 루혜 루혜 루혜 다혜 다혜 다혜 도혜 로혜

"오히려 내 머리를 짓밟을지언정 법사를 괴롭히지 말라. 만약 야차 나찰 아귀 부단나 길차 비다라 건타 오마륵가 아발마라 야차길차 인길차 혹은 열병 하루 이틀 삼일 사일 내지 일주일 혹은 고질 열병이거나 남자 모습, 여자 모습, 소년 소녀의 모습들이 꿈 속에서라도 또한 괴롭히지 못하리라." 부처님 앞에서 게송으로 설하였다.

만약 나의 다라니신주 따르지 않고 설법자를
괴롭히면 머리 일곱 갈래로 부서져 마치 아리수
처럼 되리라. 또한 부모 죽인 죄와 기름 짤 때
속인 죄, 되와 저울 속인 죄, 제바달다의 승가
깨뜨린 죄와 같이 이 법사 괴롭힌 자는 응당
이와 같은 재앙을 받게 되리라.

모든 나찰녀들이 게송을 설하고 나서 부처님께 여쭙되 "세존이시여 저희들 또한 응당 스스로의 몸으로 이 경전을 수지 독송 수행하는 사람들을 옹호하여 편안함을 얻게 하고 온갖 재앙을 벗어나게 하며 독약 사라지게 하겠나이다."

부처님께서 모든 나찰녀들에게 말하되 "훌륭하고 훌륭하도다. 그대들은 단지 법화경의 이름만 수지하는 사람 수호해도 그 복은 한량없는데, 하물며 이 경전을 잘 수지하며, 꽃 향 영락 말향 도향 소향 번개 기악으로 공양 올리며, 소등 유등 여러 향유등 소마나화유등 첨복화유등 바사가화유등 우발라화유등 이러한 온갖 백천 종류 등을 공양하는 사람들을 보호하는 일이겠는가! 고제여, 그대들과 권속들이 응당 이와 같은 법사들을 수호할지니라."

이 다라니품을 설할 때 6만 8천인이 모두 무생법인을 얻었다.

강의 1강

이 다라니품에서 다라니는 산스크리트어 dhāranī의 음차이며, 번역할 때는 총지(總持), 능지(能持), 능차(能遮)라 번역하였다. 능히 무량 무변한 이치를 받아들여(攝收) 지니어 잃지 않는 집중력에서 오는 지혜력(念慧力)을 말한다. 정법화경에서는 이 다라니품을 총지품으로 번역하였다. 일반적으로 장구(長句)로 된 것을 다라니, 몇 구절로 된 것을 진언(眞言)이나 주(呪)라고 부르는 것이 통례로 되어 있다.

여기서는 약왕보살 · 용시보살 · 비사문천왕 · 지국천왕 · 열 명의 나찰녀들이 차례대로 부처님께 법사를 수호하겠다고 서원을 세우고 다라니를 설하고 있다.

현재 한국에서는 능엄경에 나오는 능엄신주나 천수경에 나오는 신묘장구대다라니(천수대비주)를 일반적으로 독송하고 있는데, 특히 신묘장구대다라니는 일상 불교 의례에서 불자들에게 널리 알려져 독송되고 있다. 참선을 통해서 삼매와 지혜의 힘을 키워서 불도를 이룰 수도 있고, 다라니 주력을 열심히 해서 삼매의 힘을 키우고 나아가서 지혜의 힘을 키워 불도를 이룰 수도 있다.

2011년 9월 3일 토요일 오전에 이곳 법화경연구원 법성사에서 백련정진회 창립법회를 가졌다. 백련정진회의 백련은 법화경의 제목에 나오는 흰 연꽃을 뜻한다. 곧 법화경을 열심히 배우고 사경 108권과 다라니 100만독을 독송하는 법화경 교육과 수행 모임이다.

우선 초급 중급 지도자 과정 3년 교육 기간 동안, 사경 30권, 천수다라니 10만독이 목표이다. 물론 초심자는 위의 목표 10%부터 시작하면 된다.

다라니기도를 하면 몸이 건강해지고, 마음이 밝고 맑아지며, 모든 공덕이 그 속에 들어 있어 업장소멸과 지혜력이 크게 증가할 것이다.

그리고 이 다라니품에 나와 있듯이 이 법화경을 수지 독송 해설 사경하고 다라니기도 열심히 한다면 모든 불보살들이 반드시 부처님을 공경하듯이 수호하리라고 서원을 세웠다.

이 책을 읽는 분들은 다라니의 매력에 빠져 보면 어떨까!

백련정진회에서 교육과 수행을 함께 하면 더 큰 공덕과 지혜가 생겨나리라. 알지 못하면 무명에 떨어지고, 행하지 않으면 공덕은 쌓이지 않기 때문이다. 지금 여기에서 시작하자! 내일 나중은 없는 것이다.

제27 묘장엄왕본사품

범어로 śubhavyūharāja Pūrva yoga parivartaḥ인데, śubha는 아름다운, 뛰어난 등의 뜻이므로 묘(妙)로, vyūha는 집합, 군중의 뜻과 함께 장엄의 뜻도 있는데 여기서는 장엄의 뜻이며, rāja는 왕을 뜻한다. 그리고 Pūrva yoga는 전생담 즉 본사(本事)를 뜻한다. 그래서 한역에서 묘장엄왕본사품으로 번역되었다.

아득히 먼 옛날 운뢰음수왕화지여래가 계실 때, 묘장엄왕이 있었는데, 그의 부인은 정덕이었고, 큰 아들은 정장이요, 둘째 아들은 정안이었다. 묘장엄왕은 외도를 믿어 바라문의 가르침에 집착하고 있었기 때문에, 두 아들이 아버지를 정법으로 인도하기 위해서 온갖 신통력을 보여 아버지의 마음을 사로잡아 그들과 함께 운뢰음수왕화지불소로 찾아간다. 그리고 그 부처님께서 이 묘장엄왕을 위해서 설법하자, 환희심을 일으키고 곧 불교로 귀의하게 된다. 이에 부처님께서 묘장엄왕이 미래세에 열심히 수행하여 사라수왕불이 될 것이라고 수기를 주신다. 그러자 왕은 나라를 동생에게 물려주고 바로 출가하여 법화경의 가르침대로 불도를 닦는다. 마침내 일체정공덕장엄삼매를 성취하고는 자신이 외도에서 불교로 개종하게 된 인연에 대해서 이야기하게 된다. 두 아들은 과거세에 자신과 큰 인연이 있어서 지금 자신을 위해서 원력으로 태어난 선지식이라고 말한다. 부처님께서 그 이야기가 모두 맞다고 증명하시고 그 때의 묘장엄왕이 지금의 화덕보살이며, 정덕부인은 광조장엄상보살이요, 두 아들은 지금의 약왕보살과 약상보살이라 밝히신다.

원문

1강 - 한문 경문

이시불고제대중 내왕고세 과무량무변불가사의아승지
爾時佛告諸大衆 乃往古世 過無量無邊不可思議阿僧祇

겁유불 명운뢰음수왕화지다타아가도아라하삼막삼불
劫有佛 名雲雷音宿王華智多陀阿伽度阿羅訶三藐三佛

타 국명광명장엄 겁명희견 피불법중유왕 명묘장엄
陀 國名光明莊嚴 劫名喜見 彼佛法中有王 名妙莊嚴

기왕부인 명왈정덕 유이자 일명정장 이명정안
其王夫人 名曰淨德 有二子 一名淨藏 二名淨眼

시이자 유대신력복덕지혜 구수보살소행지도 소위단
是二子 有大神力福德智慧 久修菩薩所行之道 所謂檀

바라밀 시라바라밀 찬제바라밀 비리야바라밀 선바
波羅蜜 尸羅波羅蜜 羼提波羅蜜 毘梨耶波羅蜜 禪波

라밀 반야바라밀 방편바라밀 자비희사 내지삼십칠
羅蜜 般若波羅蜜 方便波羅蜜 慈悲喜捨 乃至三十七

품조도법 개실명료통달 우득보살정삼매 일성수삼매
品助道法 皆悉明了通達 又得菩薩淨三昧 日星宿三昧

정광삼매 정색삼매 정조명삼매 장장엄삼매 대위덕
淨光三昧 淨色三昧 淨照明三昧 長莊嚴三昧 大威德

장삼매 어차삼매역실통달 이시피불욕인도묘장엄왕
藏三昧 於此三昧亦悉通達 爾時彼佛欲引導妙莊嚴王

급민념중생고 설시법화경 시정장정안이자 도기모소
及愍念衆生故 說是法華經 時淨藏淨眼二子 到其母所

합십지조장백언 원모왕예운뇌음수왕화지불소 아등역
合十指爪掌白言 願母往詣雲雷音宿王華智佛所 我等亦

당시종친근공양예배 소이자하 차불어일체천인중중
當侍從親近供養禮拜 所以者何 此佛於一切天人衆中

설법화경 의응청수 모고자언 여부신수외도심착바라
說法華經 宜應聽受 母告子言 汝父信受外道深著婆羅

문법 여등응왕백부여공구거 정장정안합십지조장백모
門法 汝等應往白父與共俱去 淨藏淨眼合十指爪掌白母

아등시법왕자 이생차사견가 모고자언 여등당우념여
我等是法王子 而生此邪見家 母告子言 汝等當憂念汝

부위현신변 약득견자 심필청정 혹청아등왕지불소
父爲現神變 若得見者 心必淸淨 或聽我等往至佛所

어시이자념기부고 용재허공고칠다라수 현종종신변
於是二子念其父故 踊在虛空高七多羅樹 現種種神變

어허공중행주좌와 신상출수신하출화 신하출수신상출
於虛空中行住坐臥 身上出水身下出火 身下出水身上出

화 혹현대신만허공중 이부현소소부현대 어공중멸홀
火 或現大身滿虛空中 而復現小小復現大 於空中滅忽

연재지 입지여수이수여지 현여시등종종신변 영기부
然在地 入地如水履水如地 現如是等種種神變 令其父

왕심정신해 시부견자신력여시 심대환희득미증유 합
王心淨信解 時父見子神力如是 心大歡喜得未曾有 合

장향자언 여등사위시수 수지제자 이자백언 대왕 피
掌向子言 汝等師爲是誰 誰之弟子 二子白言 大王 彼

운뢰음수왕화지불 금재칠보보리수하법좌상좌 어일체
雲雷音宿王華智佛 今在七寶菩提樹下法座上坐 於一切

세간천인중중 광설법화경 시아등사 아시제자 부어
世間天人衆中 廣說法華經 是我等師 我是弟子 父語

자언 아금역욕견여등사 가공구왕
子言 我今亦欲見汝等師 可共俱往

어시이자종공중하 도기모소합장백모 부왕금이신해
於是二子從空中下 到其母所合掌白母 父王今已信解

감임발아뇩다라삼막삼보리심 아등위부이작불사 원모
堪任發阿耨多羅三藐三菩提心 我等爲父已作佛事 願母
견청어피불소출가수도 이시이자욕중선기의 이게백모
見聽於彼佛所出家修道 爾時二子欲重宣其意 以偈白母

원모방아등 출가작사문 제불심난치 아등수불학
願母放我等 出家作沙門 諸佛甚難值 我等隨佛學
여우담발라 치불부난시 탈제난역난 원청아출가
如優曇鉢羅 值佛復難是 脫諸難亦難 願聽我出家

모즉고언 청여출가 소이자하 불난치고 어시이자백
母卽告言 聽汝出家 所以者何 佛難值故 於是二子白
부모언 선재부모 원시왕예운뇌음수왕화지불소친근공
父母言 善哉父母 願時往詣雲雷音宿王華智佛所親近供
양 소이자하 불난득치 여우담발라화 우여일안지구
養 所以者何 佛難得值 如優曇鉢羅華 又如一眼之龜
치부목공 이아등숙복심후생치불법 시고부모당청아등
值浮木孔 而我等宿福深厚生值佛法 是故父母當聽我等
영득출가 소이자하 제불난치시역난우 피시묘장엄왕
令得出家 所以者何 諸佛難值時亦難遇 彼時妙莊嚴王
후궁팔만사천인 개실감임수지시법화경 정안보살 어
後宮八萬四千人 皆悉堪任受持是法華經 淨眼菩薩 於
법화삼매구이통달 정장보살 이어무량백천만억겁 통
法華三昧久已通達 淨藏菩薩 已於無量百千萬億劫 通
달리제악취삼매 욕령일체중생리제악취고 기왕부인
達離諸惡趣三昧 欲令一切衆生離諸惡趣故 其王夫人
득제불집삼매 능지제불비밀지장 이자여시이방편력선
得諸佛集三昧 能知諸佛祕密之藏 二子如是以方便力善
화기부 영심신해호요불법 어시묘장엄왕여군신권속구
化其父 令心信解好樂佛法 於是妙莊嚴王與群臣眷屬俱

정 덕 부 인 여 후 궁 채 녀 권 속 구　기 왕 이 자 여 사 만 이 천 인 구
淨德夫人與後宮婇女眷屬俱　其王二子與四萬二千人俱

일 시 공 예 불 소　도 이 두 면 예 족　요 불 삼 잡 각 주 일 면
一時共詣佛所　到已頭面禮足　繞佛三匝却住一面

원문

2강 – 한문 경문

이시피불위왕설법시교리희 왕대환열 이시묘장엄왕급
爾時彼佛爲王說法示教利喜 王大歡悅 爾時妙莊嚴王及

기부인 해경진주영락가직백천 이산불상 어허공중
其夫人 解頸眞珠瓔珞價直百千 以散佛上 於虛空中

화성사주보대 대중유대보상 부백천만천의 기상유불
化成四柱寶臺 臺中有大寶床 敷百千萬天衣 其上有佛

결가부좌방대광명 이시묘장엄왕작시념 불신희유단엄
結加趺坐放大光明 爾時妙莊嚴王作是念 佛身希有端嚴

수특 성취제일미묘지색
殊特 成就第一微妙之色

시운뢰음수왕화지불고사중언 여등견시묘장엄왕어아
時雲雷音宿王華智佛告四衆言 汝等見是妙莊嚴王於我

전합장립부 차왕어아법중작비구 정근수습조불도법
前合掌立不 此王於我法中作比丘 精勤修習助佛道法

당득작불 호사라수왕 국명대광 겁명대고왕 기사라
當得作佛 號娑羅樹王 國名大光 劫名大高王 其娑羅

수왕불 유무량보살중 급무량성문 기국평정공덕여시
樹王佛 有無量菩薩衆 及無量聲聞 其國平正功德如是

기왕즉시이국부제 여부인이자병제권속 어불법중출가
其王卽時以國付弟 與夫人二子幷諸眷屬 於佛法中出家

수도
修道

왕출가이 어팔만사천세 상근정진 수행묘법화경 과
王出家已 於八萬四千歲 常勤精進 修行妙法華經 過

시이후 득일체정공덕장엄삼매 즉승허공고칠다라수
是已後 得一切淨功德莊嚴三昧 卽昇虛空高七多羅樹

이백불언
而白佛言

세존 차아이자이작불사 이신통변화전아사심 영득안
世尊 此我二子已作佛事 以神通變化轉我邪心 令得安

주어불법중 득견세존 차이자자시아선지식 위욕발기
住於佛法中 得見世尊 此二子者是我善知識 爲欲發起

숙세선근 요익아고내생아가 이시운뢰음수왕화지불
宿世善根 饒益我故來生我家 爾時雲雷音宿王華智佛

고묘장엄왕언 여시여시 여여소언 약선남자선여인
告妙莊嚴王言 如是如是 如汝所言 若善男子善女人

종선근고 세세득선지식 기선지식 능작불사시교이희
種善根故 世世得善知識 其善知識 能作佛事示敎利喜

영입아뇩다라삼막삼보리
令入阿耨多羅三藐三菩提

대왕당지 선지식자시대인연 소위화도령득견불 발아
大王當知 善知識者是大因緣 所謂化導令得見佛 發阿

뇩다라삼막삼보리심 대왕 여견차이자부 차이자이증
耨多羅三藐三菩提心 大王 汝見此二子不 此二子已曾

공양육십오백천만억나유타항하사제불친근공경 어제
供養六十五百千萬億那由他恒河沙諸佛親近恭敬 於諸

불소수지법화경 민념사견중생 영주정견 묘장엄왕
佛所受持法華經 愍念邪見衆生 令住正見 妙莊嚴王

즉종허공중하 이백불언 세존 여래심희유 이공덕지
卽從虛空中下 而白佛言 世尊 如來甚希有 以功德智

혜고 정상육계광명현조 기안장광이감청색 미간호상
慧故 頂上肉髻光明顯照 其眼長廣而紺青色 眉間毫相

백여가월 치백제밀상유광명 순색적호 여빈바과
白如珂月 齒白齊密常有光明 脣色赤好 如頻婆果

이 시 묘 장 엄 왕 찬 탄 불 여 시 등 무 량 백 천 만 억 공 덕 이　어 여
爾時妙莊嚴王讚歎佛如是等無量百千萬億功德已　於如

래 전 일 심 합 장 부 백 불 언
來前一心合掌復白佛言

세 존　미 증 유 야　여 래 지 법 구 족 성 취　불 가 사 의 미 묘 공 덕
世尊　未曾有也　如來之法具足成就　不可思議微妙功德

교 계 소 행 안 은 쾌 선　아 종 금 일 불 부 자 수 심 행　불 생 사 견 교
教誡所行安隱快善　我從今日不復自隨心行　不生邪見憍

만 진 에 제 악 지 심　설 시 어 이 예 불 이 출
慢瞋恚諸惡之心　說是語已禮佛而出

불 고 대 중　어 의 운 하　묘 장 엄 왕 기 이 인 호　금 화 덕 보 살 시
佛告大衆　於意云何　妙莊嚴王豈異人乎　今華德菩薩是

기 정 덕 부 인　금 불 전 광 조 장 엄 상 보 살 시　애 민 묘 장 엄 왕 급
其淨德夫人　今佛前光照莊嚴相菩薩是　哀愍妙莊嚴王及

제 권 속 고　어 피 중 생　기 이 자 자　금 약 왕 보 살 약 상 보 살 시
諸眷屬故　於彼中生　其二子者　今藥王菩薩藥上菩薩是

시 약 왕 약 상 보 살　성 취 여 차 제 대 공 덕　이 어 무 량 백 천 만 억
是藥王藥上菩薩　成就如此諸大功德　已於無量百千萬億

제 불 소 식 중 덕 본　성 취 불 가 사 의 제 선 공 덕　약 유 인 식 시 이
諸佛所殖衆德本　成就不可思議諸善功德　若有人識是二

보 살 명 자 자　일 체 세 간 제 천 인 민　역 응 예 배　불 설 시 묘 장
菩薩名字者　一切世間諸天人民　亦應禮拜　佛說是妙莊

엄 왕 본 사 품 시　팔 만 사 천 인 원 진 리 구　어 제 법 중 득 법 안 정
嚴王本事品時　八萬四千人遠塵離垢　於諸法中得法眼淨

해석

1강 - 한글 경문

이 때 부처님께서 대중들에게 말씀하시되, 옛날 무량 무변 아승지겁 지나서 부처님 계시니 이름은 운뢰음수왕화지여래 · 응공 · 정변지이시니, 국명은 광명장엄이요, 겁명은 희견이니라. 저 불법 가운데 왕이 있으니 이름은 묘장엄이요, 그 부인 이름은 정덕이며, 두 아들 있으니 첫째는 정장이요, 둘째는 정안이니라. 이 두 아들 대신통력과 복덕과 지혜가 있어 오랫동안 보살도를 닦았으니, 이른바 보시바라밀 지계바라밀 인욕바라밀 정진바라밀 선바라밀 반야바라밀 방편바라밀 자비희사와 37품 조도법을 모두 다 명료하게 통달했느니라.

또한 보살의 정삼매 일성수삼매 정광삼매 정색삼매 정조명삼매 장장엄삼매 대위덕장삼매 등 이러한 삼매들 또한 모두 통달했느니라. 그 때 저 부처님 묘장엄왕을 인도하려 하고 중생들을 불쌍히 여겨서 이 법화경을 설했느니라.

그 때 정장 정안 두 아들이 그 어머님 처소에 와서 합장하고 여쭙되 "원컨대 어머님은 운뢰음수왕화지불소에 가소서! 저희도 또한 응당 모시고 가서 친근 공양 예배하겠나이다. 왜냐하면 이 부처님 일체 천상과 인간 속에서 법화경을 설하기 때문에 마땅히 듣고 수지해야 하나이다."

그 어머님 아들에게 말하기를 "너희 아버지 외도를 믿고 받들어 바라문법에 깊이 집착하기에 마땅히 가서 아버지에게 함께 그 부처님 처소로 갈 것을 청하라."

정장 정안 합장하고 어머니에게 말씀드리되 "저희는 법왕의 아들로 이 사견의 집에 원력으로 태어났나이다."

어머니가 아들에게 말하기를 "그대들 응당 아버지를 걱정하여 신통력을 나타내라! 만약 보게 된다면 마음이 반드시 청정하게 되어 우리들 부처님 처소에 가는 것을 허락하시리라."

이에 두 아들 그 아버지를 생각하는 까닭에, 높이가 7다라수 만큼 되는 허공에 뛰어 올라가 온갖 신통 변화를 나투되, 허공 위에서 행주좌와하며, 상체에서 물을 뿜고 하체로 불을 뿜으며, 하체로 물을 뿜고 상체로 불을 뿜으며, 혹은 큰 몸을 나타내어 허공을 가득 채우며 그러다가 다시 작아지며, 작아졌다가 다시 커지며 허공 중에서 갑자기 사라져 땅에 머무르며, 땅에 들어가기를 마치 물같이 하며, 물위 걷기를 마치 땅같이 하며, 이와 같이 온갖 신통변화를 나타내어 그 아버지 왕으로 하여금 마음이 맑아지고 믿고 이해하게 하였느니라.

이 때 아버지 아들의 신통력이 이러함을 보고 마음속으로 크게 기뻐하며 일찍이 없던 바를 얻었느니라. 아들에게 합장하며 말하기를

"그대들의 스승은 누구이며, 누구의 제자인가?" 두 아들 답하기를 "대왕이시여 저 운뢰음수왕화지불께서 지금 칠보 보리수 아래 법좌에 앉아서 일체세간의 천인(天人) 가운데서 법화경을 두루 설하고 계시니 이 분이 저희의 스승이시고 저희가 이 분의 제자입니다." 아버지 아들에게 말하기를 "내가 지금 또한 너희들의 스승을 친견하고자 하니 함께 가기 원하노라."

이에 두 아들 공중에서 내려와 그 어머니 있는 곳으로 가서 합장하고 말씀드리되 "부왕께서 지금 이미 믿고 이해하여 깨달음의 마음을 내었으니, 저희들 아버지를 위해서 이미 불사를 지었나이다. 원컨대 어머님은 저희들 저 부처님 처소로 출가하여 수도하는 것을 허락해 주소서!"

그 때 두 아들 그 뜻을 거듭 밝히기 위해서 게송으로 어머님께 여쭈었다.

원컨대 어머님은 저희들 출가하여 사문이
되는 것을 허락하소서! 제불은 매우 만나기
어렵나니 저희들 부처님 따라 배우겠나이다.

우담발라화처럼 부처님 만나 뵙기는 더욱
어려우며, 모든 재난 벗어나기 또한 어렵나니

원컨대 저희들 출가를 허락하소서!

어머니가 곧 아들에게 말하되 "너희들 출가를 허락하노라. 왜냐하면 부처님은 만나 뵙기 어렵기 때문이니라."

이에 두 아들 부모에게 말씀드리되 "훌륭합니다. 부모님이시여! 원컨대 곧 운뢰음수왕화지불소로 가서 친근 공양하소서! 왜냐하면 부처님 만나 뵙기 어려움이 마치 우담발라화와 같고, 또한 마치 외눈박이 거북이가 큰 바다위에 뜬 나무 구멍을 만나는 것과 같기 때문입니다. 그러나 저희들 과거세의 복이 깊고 많아 태어나 불법을 만나게 되었나이다. 그래서 부모님은 저희들 출가하는 것을 허락했나이다.

왜냐하면 제불은 만나기 어려우며, 그 시기를 만나기 또한 어렵기 때문입니다."

저 때 묘장엄왕의 후궁 8만 4천이 모두 이 법화경 수지할 능력을 갖추었고, 정안보살은 법화삼매를 오랫동안 이미 통달했으며, 정장보살은 이미 무량 백천만억겁 동안 이제악취삼매에 통달함은 일체중생들로 하여금 모든 악도를 벗어나게 하기 위함이요, 그 왕의 부인은 제불집삼매를 얻어 제불의 비밀한 법을 모두 알았느니라.

두 아들은 이와 같이 방편력으로 그 아버지 잘 교화하여 마음으로 믿고 이해하며 불법을 좋아하게 하였느니라.

이에 묘장엄왕 군신 권속을 데리고, 정덕부인은 후궁 채녀 권속들을 데리고, 그 두 왕자들은 4만 2천인과 동시에 함께 부처님 처소로 와서 머리 발에 대고 예를 올리고 나서 부처님 주위를 세 번 돌고 물러나 한 쪽에 머물렀느니라.

2강 - 한글 경문

이 때 저 부처님께서 왕을 위해서 설법하되, 보이고 가르치고 이익과 기쁨을 주니 왕은 크게 기뻐하였느니라. 그 때 묘장엄왕과 그 부인이 진주 영락 목걸이를 풀되, 그 가치가 백천 냥이나 되는데, 그것을 부처님 위에 뿌리니, 허공에서 변하여 네 기둥의 보대가 만들어지며, 그 대속에는 대보 평상이 있어 백천만의 하늘나라 옷이 깔려 있고 그 위에 부처님 계시니 결가부좌하고 대광명을 놓으셨느니라.

그 때 묘장엄왕 이런 생각을 하되 '부처님 몸은 희유하고 단정하고 장엄하며 수승하여 으뜸가는 미묘한 모습을 성취하시었구나.' 하였느니라.

이 때 운뢰음수왕화지불께서 사부대중에게 말씀하시되 "그대들은 이 묘장엄왕이 내 앞에서 합장하고 서 있음을 보는가 못 보는가? 이 임금이 내 불법 가운데서 비구가 되어 깨달음을 돕는 법을 부지런히 닦아서 마땅히 부처가 되리니, 이름은 사라수왕불이며, 국명은 대광이요, 겁명은 대고왕이니라. 그 사라수왕불은 무량한 보살대중과 성문대중 있으며, 그 국토는 평평하고 반듯하리니, 공덕 이와 같느니라."

그 왕은 즉시 나라를 동생에게 맡기고, 부인과 두 아들과 아울러 모든 권속들과 함께 불법 속에 출가하여 수행하였느니라.

왕이 출가하여 8만 4천년 동안 항상 부지런히 정진하고 법화경의 가르침대로 수행하여 마침내 일체정공덕장엄삼매(一切淨功德莊嚴三昧)를 얻고나서 곧 7다라수 높이의 허공에 올라서 부처님께 아뢰었다.

"세존이시여 이 나의 두 아들이 불사(佛事)를 지어서, 신통변화로 나의 그릇된 마음(邪心)을 바꾸어 불법 가운데 편안히 머무르며 세존을 친견하게 하였나이다. 이 두 아들은 나의 선지식으로 과거생의 선근(善根)을 일으켜 나에게 큰 이익을 주기 위해서 내 집에 와서 태어나게 되었나이다." 이 때 운뢰음수왕화지불께서 묘장엄왕에게 말씀하시되 "그렇고 그러하다. 그대가 말한 바와 같다. 만약 선남자 선여인이 선근을 심은 까닭으로 세세생생 선지식을 얻고, 그 선지식이 능히 불사를 지어, 보이고 가르치고 이익과 기쁨을 주어, 아뇩다라삼막삼보리에 들어가게 하느니라.

대왕이여 마땅히 알라! 선지식은 큰 인연이라 이른바 교화하고 인도하여 부처님 친견하게 하며, 깨달음의 마음을 내게 하느니라. 대왕이여, 그대는 이 두 아들을 보는가? 이 두 아들은 이미 65 백천만억 나유타 항하사의 제불께 일찍이 공양 올렸으며, 친근 공경하였고, 모든 부처님 처소에서 법화경을 수지하며 사견을 가진 중생들 불쌍히 여겨 정견에 머물게 하느니라." 묘장엄왕이 곧 허공에서 내려와 부처님께 말씀드렸다.

"세존이시여 여래는 매우 희유하여 공덕과 지혜 때문에 머리 정수리에서 광명이 나와 세상을 비추며 그 눈은 길고 넓어 감청색이며, 미간의 백호상은 마치 흰 마노빛 달처럼 아름다우며 치아는 희고 가지런하며 고르게 되어 항상 밝게 빛나며, 입술은 붉고 아름다워 마치 빈바의 열매와 같나이다."

그 때 묘장엄왕이 부처님의 이와 같은 무량 백천만억 공덕을 찬탄하고 나서 여래 앞에서 일심으로 합장하고 다시 말씀드리되 "세존이시여, 일찍이 없던 바입니다. 여래의 법은 불가사의 미묘한 공덕을 두루 성취하여, 그 가르침과 계율을 행한 바는 편안하고 즐거운 것입니다. 저는 오늘부터 다시는 스스로 마음대로 하지 않으며, 사견과 교만과 화내는 악한 마음을 내지 않겠나이다." 이 말씀 드리고는 예불하고 물러갔느니라.

부처님께서 대중들에게 말씀하시되 "어떻게 생각하느냐? 묘장엄왕이 어찌 다른 사람이겠는가? 지금 화덕보살이 바로 그 사람이니라. 그 정덕부인은 지금 불전의 광조장엄상보살이 그 사람이니라. 묘장엄왕과 그 권속들을 가엾이 여기어 그 속에 태어난 것이니라. 그 두 아들은 오늘의 약왕보살과 약상보살이 바로 그들이니라. 이 약왕 약상보살이 이 같은 대공덕을 성취하여 무량 백천만억 부처님 처소에서 여러 공덕의 씨앗을 심어, 불가사의한 모든 좋은 공덕을 성취하였느니라. 만약 어떤 사람이 이 두 보살의 이름을 안다면 일체 세간의 천상과 인간들이 또한 응당 예배하리라."

부처님께서 이 묘장엄왕본사품을 설할 때에 8만 4천 사람들이 번뇌를 벗어나 모든 법 가운데서 법안정(法眼淨)을 얻었느니라.

강의 1강

과거 무량 아승지겁을 지나 부처님 계시니 이름은 운뢰음수왕화지 여래이며, 그 부처님 시대에 묘장엄왕이 있어 그에게는 두 명의 왕자가 있었으니, 첫째는 정장이며, 둘째는 정안이었다. 그들에게는 대신통력과 복덕과 지혜가 있었다. 그리고 그들은 6바라밀과 여러 삼매에 대해서 모두 통달하였다. 두 아들은 어머니에게 저 부처님에게 가서 예배 드리고 공양 올리기를 간청하자, 아들에게 아버지가 외도 바라문에 집착하기에 아버님을 모시고 함께 저 부처님께 가기를 부탁한다. 그러자 두 아들이 어머님에게 사실 자신들은 법왕의 아들로 이 외도의 왕가에 원력으로 태어난 것이라 말한다.

그러자 어머님이 아버지를 위해서 신통력을 보여서 교화하기를 청한다. 이에 아버지 앞에서 신통력을 보여서 발심하게 한다. 그리고 어머님에게 출가의 허락을 얻는다. 그러자 두 아들이 부모님께 저 부처님 찾아가 뵙고 공양 올릴 것을 권한다. 왜냐하면 부처님 만나기가 마치 우담발라화를 만나기 만큼이나 어렵고, 외꾸눈 거북이 큰 바다에 떠 있는 구멍난 나무를 만나기 만큼이나 어려운 일이라 설명한다. 이때 그 묘장엄왕과 그 부인과 두 왕자와 무수한 권속들이 일시에 함께 저 운뢰음수왕화지여래가 계신 곳으로 가서 예배 드리고 한 쪽에 자리를 잡고 머물게 된다.

강의 2강

그러자 저 부처님이 이 왕과 부인과 권속들의 친견과 찬탄과 공양을 받고, 이 왕이 출가하여 열심히 수행하고 미래세에 사라수왕불이 되리라는 수기를 주신다. 그러자 그 왕은 국가를 동생에게 물려주고, 부인과 두 아들과 함께 출가 수행하여 마침내 삼매를 성취하게 된다. 그리고 부처님께 오늘날 자신이 이러한 수행을 성취하게 됨은 자신의 두 아들이 불사를 하여, 신통력으로 자신을 제도하였기 때문이며, 자신의 선지식임을 밝히고, 그들은 숙세의 선근 때문에 자신의 집에 태어나 자신을 제도한 것이라 말한다.

그리고 여래의 공덕과 지혜 때문에 육계의 광명과 미간의 백호상과 온갖 아름다운 모습과 광명이 나타나는 것이라 찬탄한다.

이에 부처님께서 사부대중에게 묘장엄왕이 지금의 화덕보살이며, 두 아들이 지금의 약왕보살과 약상보살이라 설한다. 이 두 보살은 이미 이런 대공덕과 무량한 부처님 처소에 공덕의 씨앗을 심었기에 이러한 불가사의한 공덕과 신통력을 성취하였고, 만약 사람들이 이 두 보살의 이름만 알아도 모든 천상과 인간들의 예배를 받게 되리라 설한다.

이 품은 묘장엄왕의 과거생 인연담(本事)이라 품의 제목이 묘장엄왕본사품으로 정해진 것이다. 지금 우리들이 일상 생활 속에서 선근 인연과 공덕을 많이 쌓는다면 위의 이야기처럼 불보살의 가피력이 있을 것이고, 수행과 삼매를 성취할 것이다.

욕지전생사(欲知前生事)　금생수자시(今生受者是)
욕지내생사(欲知來生事)　금생작자시(今生作者是)

전생을 알고 싶으면 지금 받는 것이 그것이요,
내생을 알고 싶으면 지금 내가 하고 있는 것이 바로 그것이다.

앞으로 행복하게 살고 싶다면 지금 나의 생활이 바로 그것이다.
공덕을 쌓고, 지혜를 닦는다면 나의 미래는 반드시 행복으로 가득찰 것이다.

제28 보현보살권발품

범어로 Samantabhadrotsāhana parivartaḥ인데, Samantabhadra는 보현보살을 뜻하고, Utsāhana는 노력하는 것 또는 권하는 것의 권발(勸發)로 옮겨졌다. 그래서 한역에서 보현보살권발품으로 번역되었다.

보현보살이 석가모니불께서 사바세계 기사굴산에서 법화경을 설하시는 것을 듣고, 아득히 먼 동방 보위덕상왕불 세계로부터 온다. 무수한 대중들과 함께 오는데 지나가는 국토마다 땅이 진동하고 연꽃비가 내리고 무량 백천만억의 음악소리가 들린다. 세존께 예배드리고 여래 멸도 후에 법화경 가르침을 얻을 수 있는 방법을 묻자, 석존께서 보현보살에게 네 가지 법을 성취하라고 설하신다. 첫째는 부처님의 호념(護念)을 받을 것. 둘째는 공덕의 씨앗을 심을 것. 셋째는 성불이 결정되어 있는 사람(正定聚)이 될 것. 넷째는 모든 중생 제도하겠다는 원력을 세울 것을 설하신다. 그리고 여래 멸도 후 오탁악세에서 법화경을 수지하는 사람이 있으면 자신이 반드시 여섯 개의 이빨을 지닌 백상왕(白象王)을 타고 와서 그를 공양하고 수호하겠다고 부처님께 맹세한다. 그러자 부처님께서 보현보살을 칭찬하시고, 자신도 보현보살의 이름을 수지하는 중생들을 수호하겠다고 설하신다. 그리고 보현보살에게 법화경을 수지하는 사람을 보거든 응당 멀리서 일어나서 부처님을 영접하는 것과 같이 공경히 대해야 한다고 말씀하신다. 그리고 부처님께서 법화경을 설하실 때 무수한 대중들이 크게 기뻐하며 부처님 말씀을 수지하고, 예배드린 후에 모두 물러간다.

원문

1강 - 한문 경문

이시보현보살 이자재신통력 위덕명문 여대보살무량
爾時普賢菩薩 以自在神通力 威德名聞 與大菩薩無量

무변불가칭수 종동방래 소경제국보개진동 우보련화
無邊不可稱數 從東方來 所經諸國普皆震動 雨寶蓮華

작무량백천만억종종기악 우여무수제천룡야차건달바
作無量百千萬億種種伎樂 又與無數諸天龍夜叉乾闥婆

아수라가루라긴나라마후라가인비인등대중위요 각현
阿修羅迦樓羅緊那羅摩睺羅伽人非人等大衆圍繞 各現

위덕신통지력 도사바세계기사굴산중 두면예석가모니
威德神通之力 到娑婆世界耆闍崛山中 頭面禮釋迦牟尼

불 우요칠잡백불언
佛 右繞七匝白佛言

세존 아어보위덕상왕불국 요문차사바세계설법화경
世尊 我於寶威德上王佛國 遙聞此娑婆世界說法華經

여무량무변백천만억제보살중 공래청수유원세존 당위
與無量無邊百千萬億諸菩薩衆 共來聽受唯願世尊 當爲

설지 약선남자선여인 어여래멸후 운하능득시법화경
說之 若善男子善女人 於如來滅後 云何能得是法華經

불고보현보살 약선남자선여인 성취사법 어여래멸후
佛告普賢菩薩 若善男子善女人 成就四法 於如來滅後

당득시법화경 일자위제불호념 이자식중덕본 삼자입
當得是法華經 一者爲諸佛護念 二者殖衆德本 三者入

정정취 사자발구일체중생지심 선남자선여인 여시성
正定聚 四者發救一切衆生之心 善男子善女人 如是成

취사법 어여래멸후필득시경 이시보현보살백불언 세
就四法 於如來滅後必得是經 爾時普賢菩薩白佛言 世

존어후오백세탁악세중 기유수지시경전자 아당수호제
尊於後五百歲濁惡世中 其有受持是經典者 我當守護除

기쇠환영득안은 사무사구득기편자 약마약마자 약마
其衰患令得安隱 使無伺求得其便者 若魔若魔子 若魔

녀약마민 약위마소착자 약야차약나찰 약구반다 약
女若魔民 若爲魔所著者 若夜叉若羅刹 若鳩槃茶 若

비사사 약길차약부단나 약위타라등 제뇌인자 개부
毘舍闍 若吉遮若富單那 若韋陀羅等 諸惱人者 皆不

득편 시인약행약립 독송차경 아이시승육아백상왕
得便 是人若行若立 讀誦此經 我爾時乘六牙白象王

여대보살중구예기소 이자현신 공양수호안위기심 역
與大菩薩衆俱詣其所 而自現身 供養守護安慰其心 亦

위공양법화경고 시인약좌사유차경 이시아부승백상왕
爲供養法華經故 是人若坐思惟此經 爾時我復乘白象王

현기인전 기인약어법화경 유소망실일구일게 아당교
現其人前 其人若於法華經 有所忘失一句一偈 我當教

지여공독송환령통리 이시수지독송법화경자 득견아신
之與共讀誦還令通利 爾時受持讀誦法華經者 得見我身

심대환희 전부정진 이견아고 즉득삼매급다라니 명
甚大歡喜 轉復精進 以見我故 卽得三昧及陀羅尼 名

위선다라니 백천만억선다라니 법음방편다라니 득여
爲旋陀羅尼 百千萬億旋陀羅尼 法音方便陀羅尼 得如

시등다라니 세존 약후세후오백세탁악세중 비구비구
是等陀羅尼 世尊 若後世後五百歲濁惡世中 比丘比丘

니우바새우바이 구색자 수지자 독송자 서사자 욕
尼優婆塞優婆夷 求索者 受持者 讀誦者 書寫者 欲

수습시법화경 어삼칠일중응일심정진 만삼칠일이 아
修習是法華經 於三七日中應一心精進 滿三七日已 我

당승육아백상 여무량보살이자위요 이일체중생소희견
當乘六牙白象 與無量菩薩而自圍繞 以一切衆生所喜見

신 현기인전 이위설법시교이희 역부여기다라니주득
身 現其人前 而爲説法示教利喜 亦復與其陀羅尼呪得

시다라니고 무유비인능파괴자 역불위여인지소혹란
是陀羅尼故 無有非人能破壞者 亦不爲女人之所惑亂

아신역자상호시인 유원세존 청아설차다라니주 즉어
我身亦自常護是人 唯願世尊 聽我説此陀羅尼呪 卽於

불전 이설주왈
佛前 而説呪曰

아단지 단다바지 단다바제 단다구사례 단다수다례
阿檀地 檀陀婆地 檀陀婆帝 檀陀鳩舍隷 檀陀修陀隷

수다례 수다라바지 불타바선녜 살바다라니아바다니
修陀隷 修陀羅婆底 佛馱波羶禰 薩婆陀羅尼阿婆多尼

살바바사아바다니 수아바다니 승가바리사니 승가녈
薩婆婆沙阿婆多尼 修阿婆多尼 僧伽婆履叉尼 僧伽涅

가다니 아승기 승가바가지 제례아타승가도략아라제
伽陀尼 阿僧祇 僧伽波伽地 帝隷阿惰僧伽兜略阿羅帝

바라제 살바승가삼마지가란지 살바달마수바리찰제
婆羅帝 薩婆僧伽三摩地伽蘭地 薩婆達磨修波利刹帝

살바살타루타교사략아로가지 신아비기리지제
薩婆薩埵樓馱憍舍略阿㝹伽地 辛阿毘吉利地帝

원문

2강 – 한문 경문

세존 약유보살 득문시다라니자 당지보현신통지력
世尊 若有菩薩 得聞是陀羅尼者 當知普賢神通之力

약법화경행염부제유수지자 응작차념 개시보현위신지
若法華經行閻浮提有受持者 應作此念 皆是普賢威神之

력 약유수지독송정억념해기의취여설수행 당지시인행
力 若有受持讀誦正憶念解其義趣如說修行 當知是人行

보현행 어무량무변제불소심종선근 위제여래수마기두
普賢行 於無量無邊諸佛所深種善根 爲諸如來手摩其頭

약단서사 시인명종당생도리천상 시시팔만사천천녀
若但書寫 是人命終當生忉利天上 是時八萬四千天女

작중기악이래영지 기인즉착칠보관 어채녀중오락쾌락
作衆伎樂而來迎之 其人卽著七寶冠 於婇女中娛樂快樂

하황수지독송정억념 해기의취 여설수행 약유인수지
何況受持讀誦正憶念 解其義趣 如說修行 若有人受持

독송해기의취 시인명종위천불수수 영불공포불타악취
讀誦解其義趣 是人命終爲千佛授手 令不恐怖不墮惡趣

즉왕도솔천상미륵보살소 미륵보살유삼십이상 대보살
卽往兜率天上彌勒菩薩所 彌勒菩薩有三十二相 大菩薩

중소공위요 유백천만억천녀권속 이어중생 유여시등
衆所共圍繞 有百千萬億天女眷屬 而於中生 有如是等

공덕이익 시고지자응당일심자서약사인서 수지독송정
功德利益 是故智者應當一心自書若使人書 受持讀誦正

억념여설수행
憶念如説修行

세존 아금이신통력고수호시경 어여래멸후 염부제내
世尊 我今以神通力故守護是經 於如來滅後 閻浮提内

광령유포사부단절 이시석가모니불찬언 선재선재 보
廣令流布使不斷絶 爾時釋迦牟尼佛讚言 善哉善哉 普

현 여능호조시경 영다소중생안락이익 여이성취불가
賢 汝能護助是經 令多所衆生安樂利益 汝已成就不可

사의공덕 심대자비 종구원래발아뇩다라삼막삼보리의
思議功德 深大慈悲 從久遠來發阿耨多羅三藐三菩提意

이능작시신통지원수호시경 아당이신통력수호능수지
而能作是神通之願守護是經 我當以神通力守護能受持

보현보살명자
普賢菩薩名者

보현 약유수지독송정억념수습서사시법화경자 당지시
普賢 若有受持讀誦正憶念修習書寫是法華經者 當知是

인즉견석가모니불 여종불구문차경전 당지시인공양석
人則見釋迦牟尼佛 如從佛口聞此經典 當知是人供養釋

가모니불 당지시인불찬선재 당지시인위석가모니불수
迦牟尼佛 當知是人佛讚善哉 當知是人爲釋迦牟尼佛手

마기두 당지시인위석가모니불의지소부 여시지인불부
摩其頭 當知是人爲釋迦牟尼佛衣之所覆 如是之人不復

탐착세락 불호외도경서수필 역부불희친근기인 급제
貪著世樂 不好外道經書手筆 亦復不喜親近其人 及諸

악자 약도아약축저양계구 약엽사 약현매여색 시인
惡者 若屠兒若畜猪羊雞狗 若獵師 若衒賣女色 是人

심의질직 유정억념유복덕력 시인불위삼독소뇌 역부
心意質直 有正憶念有福德力 是人不爲三毒所惱 亦復

불위질투아만사만증상만소뇌 시인소욕지족능수보현
不爲嫉妬我慢邪慢增上慢所惱 是人少欲知足能修普賢

지행 보현 약여래멸후후오백세 약유인견수지독송법
之行 普賢 若如來滅後後五百歲 若有人見受持讀誦法

화경자 응작시념 차인불구당예도량파제마중 득아뇩
華經者 應作是念 此人不久當詣道場破諸魔衆 得阿耨

다라삼막삼보리 전법륜격법고취법라우법우 당좌천인
多羅三藐三菩提 轉法輪擊法鼓吹法螺雨法雨 當坐天人

대중중사자법좌상 보현 약어후세 수지독송시경전자
大衆中師子法座上 普賢 若於後世 受持讀誦是經典者

시인불부탐착의복와구음식자생지물 소원불허 역어현
是人不復貪著衣服臥具飮食資生之物 所願不虛 亦於現

세득기복보 약유인경훼지언 여광인이 공작시행종무
世得其福報 若有人輕毀之言 汝狂人耳 空作是行終無

소획 여시죄보당세세무안 약유공양찬탄지자 당어금
所獲 如是罪報當世世無眼 若有供養讚歎之者 當於今

세득현과보 약부견수지시경자 출기과악 약실약불실
世得現果報 若復見受持是經者 出其過惡 若實若不實

차인현세득백나병 약유경소지자 당세세아치소결 추
此人現世得白癩病 若有輕笑之者 當世世牙齒疎缺 醜

순평비 수각요려 안목각래 신체취예 악창농혈 수
脣平鼻 手脚繚戾 眼目角睞 身體臭穢 惡瘡膿血 水

복단기 제악중병 시고보현 약견수지시경전자 당기
腹短氣 諸惡重病 是故普賢 若見受持是經典者 當起

원영당여경불 설시보현권발품시 항하사등무량무변보
遠迎當如敬佛 說是普賢勸發品時 恒河沙等無量無邊菩

살 득백천만억선다라니 삼천대천세계미진등제보살구
薩 得百千萬億旋陀羅尼 三千大千世界微塵等諸菩薩具

보현도 불설시경시 보현등제보살사리불등제성문 급
普賢道 佛說是經時 普賢等諸菩薩舍利弗等諸聲聞 及

제천룡인비인등 일체대회개대환희 수지불어작례이거
諸天龍人非人等 一切大會皆大歡喜 受持佛語作禮而去

1강 – 한글 경문

이 때 보현보살이 자재신통력과 위덕과 명성 지녀, 무량한 대보살들과 함께 동방으로부터 오니, 지나는 국토마다 모두 두루 진동하며, 보배 연꽃 비처럼 내리게 하고 무량 백천만억 가지의 음악 소리 들리느니라. 또한 무수한 천룡 야차 건달바 아수라 가루라 긴나라 마후라가 인비인 등 대중의 호위를 받으며, 각기 위덕과 신통력을 보이며, 사바세계의 기사굴산에 도착하여 석가모니불께 예배하고 오른쪽으로 일곱 번 돌고 부처님께 말씀드렸다.

"세존이시여 저는 보위덕상왕 불국토에서 사바세계 법화경 설법하는 것을 멀리서 듣고 무량한 보살대중과 함께 와서 듣기를 원하오니, 세존이시여 그것을 설해 주소서! 만약 선남자 선여인 있어 여래 멸후에 어떻게 이 법화경을 얻을 수 있습니까?"

부처님께서 보현보살에게 말씀하시되 "만약 선남자 선여인이 네 가지 법을 성취하면 여래 멸후에 마땅히 이 법화경을 얻게 되느니라. 첫째는 부처님의 가피력(護念)이요, 둘째는 온갖 공덕의 씨앗을 심는 것이며, 셋째는 정정취(깨달음이 확정된 사람)에 들어가는 것이요, 넷째는 일체중생을 제도하겠다는 마음을 일으키는 것이 그것이니라. 선남자 선여인이 이와 같이 네 가지 법을 성취하면 여래 멸후에 반드시 이 경전을 얻게 되느니라."

그 때 보현보살이 부처님께 말씀드리되 "세존이시여 후오백세 오탁악세에 이 법화경을 수지하는 사람이 있다면 제가 마땅히 수호하여 그 재앙을 없애주고, 편안함을 주며, 그 약점을 찾는 이들 없게 하겠나이다. 또한 악마나 악마의 아들, 마녀나 악마의 백성들, 악마에 씌인 자거나, 야차, 나찰, 구반다, 비사사, 길차, 부단나, 위타라 등 모든 사람을 괴롭히는 무리들 그 기회를 얻지 못하게 하겠나이다.

이 사람이 가거나 서서 이 경전 독송한다면 저는 이 때 여섯 이빨 지닌 백상왕 타고 대보살들과 함께 그곳에 가서 내 모습 보여주며, 그를 공양하고 수호하며 그 마음 위안하리니 또한 법화경을 공양하기 위한 까닭입니다. 이 사람이 만약 앉아서 이 경전을 생각한다면 그 때 제가 다시 백상왕을 타고 그 사람 앞에 나타나며, 그 사람이 법화경의 한 구절이나 한 게송이라도 잃게 된다면 제가 응당 그것을 가르치고 함께 독송하여 그 이치를 통달하게 하겠나이다. 그 때 법화경을 수지 독송하는 사람은 나의 몸을 친견하여 크게 기뻐하며, 다시 더 정진하게 될 것입니다. 저를 친견한 까닭으로 곧 삼매와 다라니를 얻으니, 그 이름은 선다라니 백천만억선다라니 법음방편다라니로 이와 같은 다라니를 얻게 될 것입니다.

세존이시여, 만약 후세 후오백세 오탁악세 속에서 비구 비구니 우바새 우바이로 법화경을 구하는 사람, 수지하는 사람, 독송하는 사람, 사경하는 사람들이 이 법화경을 닦고 익히고자 한다면 21일 동안 응당 일심으로 정진하여 21일을 채우고 나면 내가 육아백상을 타고 무량한 보살들과 함께 일체 중생들에게 나의 몸을 친견하게 하며, 그 사람들 앞에 나타나 설법하고 보여주고 가르치고 이익과 기쁨 주며 또한 다시 다라니주를 주겠나이다. 이 다라니를 얻는 까닭에 사람이 아닌 무리들이 능히 법화경 수행하는 사람을 파괴할 자가 없으며, 또한 여인의 유혹으로 받는 재난이 없으며, 제 자신도 또한 항상 스스로 이 사람을 수호하겠나이다. 오직 원하건대 세존이시여 제가 이 다라니주 설함을 허락하소서!" 하며 곧 부처님 앞에서 다라니주를 설하였다.

아단지 단다바지 단다바제 단다구사례 단다수다례 수다례 수다라바지 불타바선녜 살바다라니아바다니 살바바사아바다니 수아바다니 승가바리사니 승가녈가다니 아승기 승가바가지 제례아타승가도략아라제바라제 살바승가삼마지가란지 살바달마수바리찰제 살바살타루타교사략아로가지 신아비기리지제

"세존이시여 만약 보살이 있어 이 다라니를 듣는다면 마땅히 알아야 하나이다. 보현보살의 신통력 때문임을. 만약 법화경이 염부제에 유행하여 수지하는 사람들 있다면 이런 생각을 해야 하나이다. '모두 이것은 보현보살의 위신력 때문입니다.'

만약 수지 독송하고 바르게 생각하여 그 뜻을 이해하고 설한 대로 수행하는 사람이 있다면 마땅히 알지니, 이 사람은 보현행을 행하는 것이며 무량무변 제불의 처소에서 선근을 깊이 심었기에 모든 여래가 손으로 그의 머리를 쓰다듬어 줄 것입니다.

만약 단지 법화경 사경만 하여도 이 사람 목숨 마치면, 마땅히 도리천에 태어나리니, 이 때 8만 4천 천녀(天女)들 온갖 악기 연주하고, 와서 그 사람 영접하게 되며, 그 사람 곧 칠보관을 쓰고 채녀(采女)들 가운데서 즐거움을 누리게 될 것입니다. 하물며 수지 독송하고 잘 기억하고 그 뜻을 이해하고 설한대로 수행한 사람이겠습니까? 만약 어떤 사람이 수지 독송하고 그 뜻을 잘 이해한다면 이 사람 목숨 마칠 때, 천불(千佛) 손을 내미시어 공포 없게 하시며 악도에 떨어지지 않게 하시며, 곧 도솔천의 미륵보살 처소에 태어나리니, 미륵보살은 32상 갖추시고 대보살들에 둘러싸여 있고 백천만억 천녀권속들 거기에 있습니다.

이러한 공덕과 이익이 있는 까닭에 지혜가 있는 사람은 응당 일심으로 스스로 사경하거나 남들에게 사경하도록 권하며 수지 독송하고 잘 생각하여 설한 대로 수행해야 할 것입니다. 세존이시여 제가 이제 신통력으로 이 경전 수호하여 여래 멸후 염부제 내에서 널리 유포하여 끊어지지 않게 하겠나이다."

이 때 석가모니불께서 찬탄하며 말씀하시되 "훌륭하고 훌륭하구나 보현보살이여 그대는 이 경전 수호하고 도와서 중생들에게 많은 이익과 안락을 주며, 그대는 이미 불가사의 공덕과 깊은 대자비심을 성취하였도다. 오랜 옛날부터 아뇩다라삼막삼보리의 마음을 내어 능히 이 위대한 원력을 세워 이 경전 수호하나니, 나도 마땅히 신통력으로 보현보살의 이름을 수지하는 사람들 수호하리라. 보현이여 만약 이 법화경을 수지 독송하고 바르게 생각하여 닦고 익히며 사경하는 사람이 있다면 마땅히 알라 이 사람은 곧 석가모니불을 친견하는 것이며, 부처님에게 직접 이 경전을 듣는 것과 같으며, 마땅히 알라 이 사람은 석가모니불을 공양하는 것이며, 마땅히 알라 이 사람은 부처님이 훌륭하다고 칭찬하는 것이며, 마땅히 알라 이 사람은 석가모니불이 손으로 그 머리를 쓰다듬어 주시는 것이며, 마땅히 알라 이 사람은 석가모니불이 옷으로 덮어 주는 것이며, 이러한 사람은 더 이상 세상의 쾌락에 탐착하지 않느니라. 외도의 경서와 수필을 좋아하지 않으며, 또한 다시 이 사람들과 가까이 하는 것을 좋아하지 않느니라. 그리고 모든 악한 사람들이나 백정이나 돼지 양 닭 개를 기르거나 사냥꾼이거나 여색을 파는 자와는 가까이 하기 좋아하지 않느니라.

이 사람 마음과 성질이 정직하여 바른 생각과 복덕력이 있으며, 이 사람 삼독심으로 괴로움을 받지 않으며, 또한 다시는 질투 아만 사만 증상만으로 괴로움 받지 않으며, 이 사람 욕심 적고 만족함 알아 능히 보현행을 닦으리라.

보현이여 만약 여래 멸후 후오백세에 법화경을 수지 독송하는 사람을 본다면 마땅히 이런 생각을 하되 '이 사람 오래지 않아 도량에 가서 악마의 무리들 깨뜨리고 깨달음을 얻어 법륜을 굴리며 법고 치며 법라를 불며 법우를 내리고 천상과 인간의 대중들 속에서 사자좌에 앉게 되리라.'

보현이여 만약 후세에 이 경전을 수지 독송하는 사람이 있다면 이 사람 다시는 의식주나 생필품 걱정 없고, 그 사람의 소원이 결코 헛되지 않아 현세에서 그 복의 과보를 반드시 얻게 되리라. 만약 어떤 사람이 비난하여 말하기를 "그대는 미친 사람이라, 쓸데없이 이 일을 하는 것이며, 결국 아무것도 얻을 바가 없으리라."

이같은 사람의 죄의 과보는 세세에 태어날 때마다 눈이 없으리라. 만약 공양 찬탄하는 사람 있다면 금생에 그 복의 과보를 얻게 되리라.

만약 법화경 수지하는 사람을 보고 그 허물을 들추어 낸다면 그것이 사실이든 아니든 상관없이 이 사람은 현세에 나병을 얻게 되며, 비웃는 자는 태어날 때마다 치아가 빠져 모자라며, 추한 입술 납작한 코와 손발 뒤틀리며, 눈은 사팔뜨기에 몸에는 악취가 풍기고 더러우며, 악창에 피고름 나며, 배에는 물이 차고 숨이 가빠지는 등 온갖 중병에 시달리게 되리라.

이런 까닭으로 보현보살이여 만약 이 경전 수지하는 사람을 보거든 마땅히 일어나서 멀리서부터 영접하되 마치 부처님을 공경히 대하듯이 해야 하느니라."

이 보현보살권발품을 설하실 때 항하수와 같은 무량 무변한 보살들 백천만억 선다라니를 얻었으며, 삼천대천세계 미진과 같이 많은 보살들 보현도(普賢道) 구족하였느니라.

부처님께서 이 경전을 설하실 때 보현보살 등 모든 보살과 사리불 등 모든 성문 그리고 모든 천룡과 인비인 등 모든 법회 참석한 대중들이 큰 기쁨으로 부처님 말씀을 받들어 지니고 예배드린 후에 물러가느니라.

강의 1강

이 품은 보현보살이 부처님께 여래 멸도 후에 어떻게 하면 법화경의 가르침을 얻을 수 있는지 묻는 것과 또 여래 멸후에 법화경을 독송하고 그 가르침대로 실천하는 사람이 있으면 자신이 어디든지 코끼리를 타고 가서 그 사람에게 공양하고 수호하며 돕겠다고 밝히고 있다.

여래 멸도 후에 법화경의 가르침을 얻을 수 있는 방법을 묻자, 석존께서 보현보살에게 네 가지 법을 성취하라고 설하신다. 첫째는 부처님의 호념(護念)을 받을 것. 둘째는 공덕의 씨앗을 심을 것. 셋째는 성불이 결정되어 있는 사람(正定聚)이 될 것. 넷째는 모든 중생을 제도하겠다는 원력을 세울 것 등이다. 곧 부처님의 가피력을 받는 것과 선근을 심고 공덕을 닦는 것 그리고 수행하여 불도를 이루는 일과 모든 중생들을 제도하겠다는 원력을 세우는 일이야 말로 일불승의 가르침을 현실 속에서 실천하는 길임을 밝히고 있는 것이다.

화택의 비유에서 대백우거(大白牛車)를 자식들에게 준다는 의미는 바로 보살도를 실천한다는 의미이고, 이 품에서는 보현도(普賢道)를 구족한다고 표현하고 있다. 기도나 수행을 통해서 노력할 때 불보살님의 가피력이 있을 것이고, 네 번째 중생을 제도하겠다는 서원을 세우는 일은 자신이 받은 가피력과 수행의 공덕을 일체 중생들에게 회향하는 일이 된다.

강의 2강

법화경을 사경하는 것만으로도 죽을 때 바로 도리천에 태어나게 되는데, 수지 독송하고 그 도리를 바르게 이해하는 공덕은 무량하여, 부처님이 직접 손을 내미시어 그 사람에게 행복을 주시며, 악도에 떨어지지 않게 하며 도솔천의 미륵보살이 계시는 곳에 태어나게 된다. 그리고 보현보살은 자신의 위신력(威神力)으로 법화경을 수호하고 여래 멸도 후에 염부제(사바세계) 안에서 널리 유포하여 끊어짐 없게 하겠다고 밝힌다.

이에 부처님께서 그것을 증명하신다. 그런 까닭으로 이 품의 이름이 보현보살 권발품(勸發品)인데, 권발(勸發)이란 사람들에게 불심을 일으키도록 권한다는 뜻이다. 여기서는 보현보살이 여래 멸후 법화경을 수지 독송하는 사람들을 수호하고 경전 유포를 사람들에게 권한다는 뜻이다. 곧 그것이 불심을 일으켜 성불로 가는 길이기 때문이다.

그리고 법화경을 수지 독송하는 사람들은 의식주 등 물질적인 풍족함을 누리며 그 소원이 이루어져 현세에서 그 복의 결실을 받게 된다.

만약 법화경을 수지 독송하고 그 가르침대로 수행하는 사람을 비난하거나 조롱하면 그 과보로 몸의 온갖 질병들을 겪게 된다.

그리고 만약 법화경을 수지 독송하는 사람들을 보면 멀리서부터 자리에서 일어나 영접하되 부처님을 맞이하듯이 해야한다.

부처님께서 법화경을 설하실 때, 모인 모든 대중들은 큰 기쁨을 얻었고 모두 발심하며 자리에서 물러가게 된다.

이 보현보살권발품이 끝나자 법화경 전체 법회가 모두 끝나게 된다.

법 성

1987년 해인사 출가
1988년 범어사 사미계 수지
1992년 범어사 비구계 수지
동국대 불교학과 졸업
동국대 대학원 불교학과 졸업(석사)
공군 군법사 전역
충국 성불사, 보라매 법당 주지 등 5개 사찰 주지 역임
강남 봉은사 교무국장 역임
현) 동국대 박사과정 재학(법화경 전공)
법화경연구원 법성사 주지

저서 : 「경전학교의 법화경 강의」 「법화경의 네 가지 보석」
「한권으로 쓰는 법화경 사경」 「법화경 사요품 사경」
「법화경 28품」 上·下 2권 「법화경의 보석같은 24비유」

E-mail : freewheely@naver.com
cafe.daum.net/법성스님 또는 법화경연구원
c.p : 010-3659-3303

법화경 28품(下) 본문 14품

초판 1쇄 2011년 11월 15일

강 해 법성

펴낸이 주영배

펴낸곳 도서출판 무량수
부산광역시 해운대구 재송동 1209 센텀IS타워 1009호
전화. 051-255-5675 팩스. 051-255-5676
e-mail : boan21@korea.com

ISBN 978-89-91341-38-8 04220
978-89-91341-36-4 (전2권)

정가 16,000원